FACULTÉ DE DROIT DE GRENOBLE

DE LA CESSION A TITRE ONÉREUX

DES

OFFICES MINISTÉRIELS

THÈSE POUR LE DOCTORAT

PAR

Antoine DUSSERT

LICENCIÉ EN DROIT

PARIS

LIBRAIRIE NOUVELLE DE DROIT ET DE JURISPRUDENCE

ARTHUR ROUSSEAU

ÉDITEUR

14, RUE SOUFFLOT ET RUE TOULLIER,

1900

THÈSE

POUR LE DOCTORAT

FACULTÉ DE DROIT DE GRENOBLE

MM. TARTARI, Doyen, professeur de Droit civil.
GUEYMARD ✳, Doyen honoraire, professeur de Droit commercial.
TESTOUD ✳, professeur de Droit civil, *en congé*.
GUÉTAT, professeur de Législation criminelle.
FOURNIER, professeur de Droit romain.
BEAUDOUIN, professeur de Droit romain.
BALLEYDIER, professeur de Droit civil.
MICHOUD, professeur de Droit administratif.
PILLET, professeur de Droit international.
BEUDANT, agrégé, chargé de cours.
CAPITANT, agrégé, chargé de cours.
HITIER, agrégé, chargé de cours.
REBOUD, chargé de cours.
CUCHE, chargé de cours.
ROYON, secrétaire.

SUFFRAGANTS :

MM. GUÉTAT, *Professeur, Président*.
PILLET, *Professeur*,
HITIER, *Agrégé*.

FACULTÉ DE DROIT DE GRENOBLE

DE LA CESSION A TITRE ONÉREUX

DES

OFFICES MINISTÉRIELS

THÈSE POUR LE DOCTORAT

ACTE PUBLIC SUR LES MATIÈRES CI-APRÈS

Sera soutenu, dans la salle des Actes de la Faculté,
le mercredi 8 juillet 1896.

PAR

Antoine DUSSERT

LICENCIÉ EN DROIT

PARIS

LIBRAIRIE NOUVELLE DE DROIT ET DE JURISPRUDENCE

ARTHUR ROUSSEAU

ÉDITEUR

14, RUE SOUFFLOT ET RUE TOULLIER, 13

1896

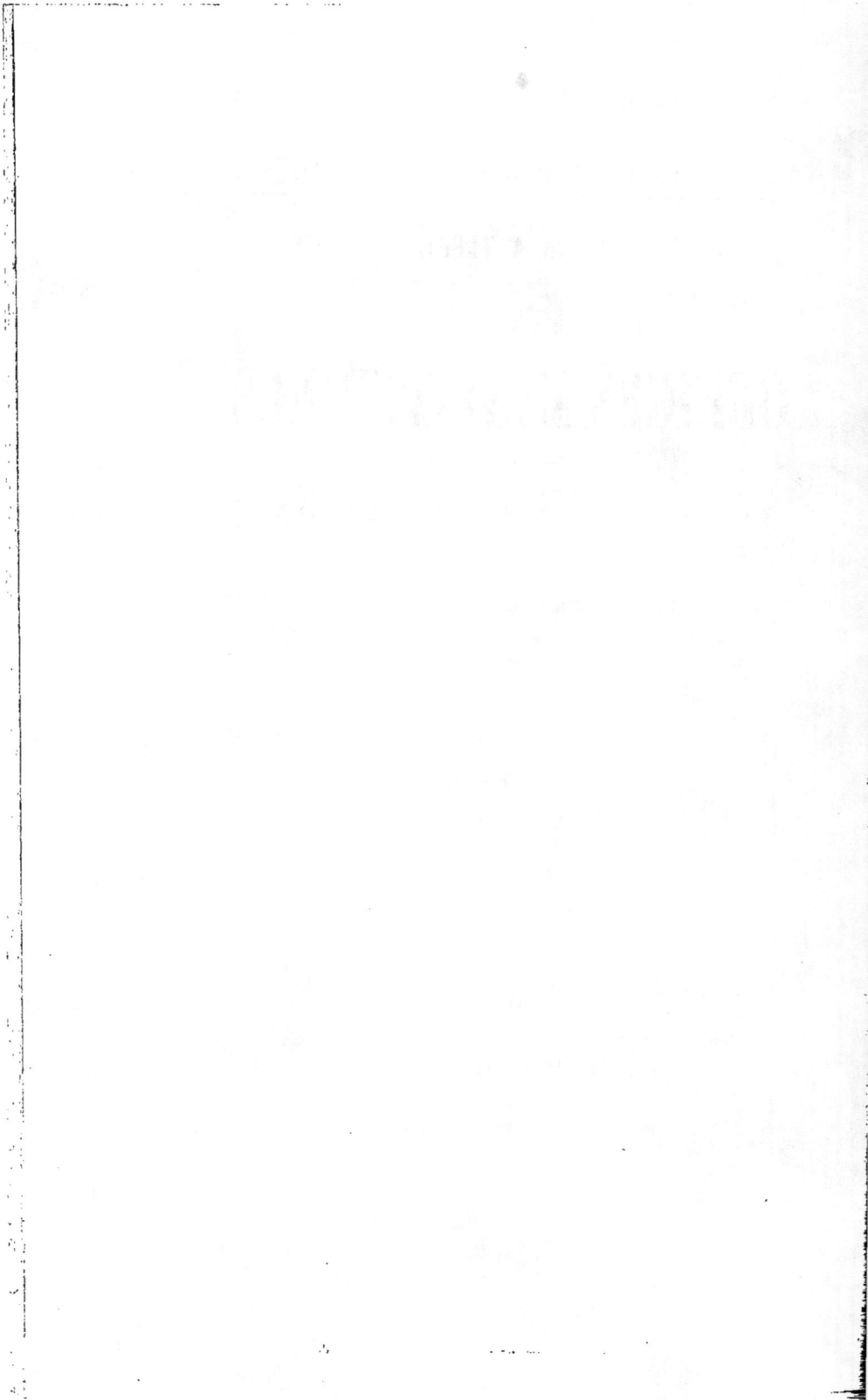

A MON PÈRE

A MA MÈRE

DE LA CESSION A TITRE ONÉREUX

DES

OFFICES MINISTÉRIELS

INTRODUCTION

Dans son traité si intéressant des offices, Loyseau définissait le mot office « dignité avec fonction publique (1) » et Domat « un titre donné par des lettres du prince qu'on appelle provisions qui confèrent le pouvoir et imposent le devoir d'exercer quelques fonctions publiques (2) ». Cette dernière définition est préférable. « Dans une acception large », en effet, on peut dire que « le mot office s'emploie pour désigner le titre qui donne le droit d'exercer quelque fonction ou charge publique (3) ».

Le nom d'office était donné dans l'ancien droit à des fonctions très nombreuses : il s'appliquait à toutes les

---

(1) Loyseau, *Traité des offices*, livre I, chap. 1, n° 98.
(2) Domat, *Droit public*, titre I, p. 147.
(3) Durand, *Traité des offices*, p. 1, § 1.

charges de guerre, de judicature et de finance ; les plus
modestes comme les plus hautes avaient rang dans cette
immense hiérarchie. De nos jours, le mot office a un
champ d'application bien moins étendu : il est exclusi-
vement réservé à une catégorie de fonctions, dont les titulaires, institués à vie par le gouvernement, ont seuls
qualité pour faire certains actes.

Ces titulaires, appelés autrefois ministres de justice,
sont désignés aujourd'hui sous le nom générique d'officiers ministériels.

Il y a loin, comme on le voit, des offices actuels à ceux
de l'ancien régime : nos offices ministériels ne sont que
la fraction la moins importante de ceux d'autrefois, bien
que leur valeur ait considérablement augmenté dans ce
siècle avec le développement de la richesse publique.

Théoriquement les offices devraient être hors du commerce, et le trafic des fonctions rigoureusement défendu : seules les aptitudes et les qualités morales des
candidats devraient être prises en considération pour la
collation des charges. Mais les nécessités politiques, les
difficultés financières, la crainte du favoritisme et aussi
l'existence d'un véritable droit de propriété sur certaines catégories d'offices ont fait échec à cette conception
idéale et imposé, dans la plupart des législations, le principe de la vénalité.

A Rome, sous la République, les offices, c'est-à-dire
les magistratures sont électives et temporaires. Le candidat est nommé par le peuple réuni dans ses comices

et, à l'expiration du délai fixé, il cesse d'exercer ses fonctions. Avec le temps, la corruption finit par se glisser dans cette organisation. Pour se concilier les faveurs du peuple, les candidats donnent à leurs frais des spectacles, font célébrer des jeux publics et se ruinent en prodigalités de tout genre, quittes à refaire leur fortune par la concussion et les rapines dans l'administration des provinces. L'abus devient tel que dans le siècle, qui précède l'avènement d'Auguste, dix lois sont rendues contre la brigue et la corruption des suffrages.

Sous l'Empire, le peuple n'est plus consulté dans le choix des candidats. L'Empereur nomme directement aux magistratures par voie de décrets appelés *codicilli imperiales* ou *diplomata*. L'usage s'introduit alors de donner aux personnages influents de la Cour une somme d'argent, appelée *suffragium*, pour se faire pourvoir d'une fonction publique. Certains empereurs ne dédaignent même pas, à cette occasion, de recevoir les largesses des candidats (1). D'autres cependant tentent de s'opposer à ce trafic : Alexandre Sévère, Constantin et Julien l'Apostat défendent aux courtisans de rien accepter des candidats ; Théodose fait même jurer aux officiers qu'ils n'ont rien donné pour recevoir leur nomination ; Honorius et Justinien renouvellent encore la prohibition. Tous leurs efforts sont inutiles : les courtisans continuent discrètement de trafiquer de leur influence, au

(1) Vespasien notamment, au dire de Suétone.

détriment du vrai mérite. Tant il est vrai, selon l'expression de Loyseau, « que, depuis que l'or a une fois trouvé entrée quelque part, il est du tout impossible de l'en déschasser (1) ».

Nous ne retrouvons pas cependant, dans la coutume des *suffragia*, le trait caractéristique de la vénalité des offices. L'officier, qui cesse ses fonctions, ne met pas un prix à sa démission et ne dispose pas de sa charge en faveur de son successeur. La démission est ici pure et simple et la somme versée n'a pas le caractère d'un prix de cession. Le *suffragium* est un cadeau fait à un tiers, le prix d'une influence plutôt que l'équivalent pécuniaire de l'office.

La vénalité apparaît seulement au Bas-Empire dans une certaine catégorie d'offices appelés milices. Les milices étaient primitivement les charges de la maison de l'Empereur. La dénomination s'étendit ensuite aux charges des officiers subalternes près les ministres et les gouverneurs de province, et enfin aux fonctions purement civiles.

A l'origine, l'Empereur conférait gratuitement l'investiture des milices. Par dérogation, l'Empereur permit dans certains cas intéressants à la veuve ou au fils du titulaire, décédé en fonction, de disposer pécuniairement de la charge et de présenter un candidat à son agrément. Cette faveur spéciale se généralisa et s'éten-

(1) Loyseau, liv. 3, ch. 1, n° 43.

dit à toutes les transmissions des milices après décès du titulaire. En dernier lieu, les officiers obtinrent le droit de disposer de leurs charges pendant leur vivant.

Cette vénalité n'eut jamais cependant au Bas-Empire un caractère général : elle fut limitée à une certaine catégorie de milices, et l'Empereur conserva toujours le droit de nommer et de révoquer les officiers.

En France, jusqu'au XVe siècle, les charges étaient en principe révocables et temporaires. Au décès du titulaire, le collateur recouvrait le droit d'en disposer.

Avant cette époque, on trouve cependant de nombreux exemples de vénalité : St-Louis et ses successeurs afferment les revenus des greffes, sceaux, tabellionnages, puis des prévôtés, vicomtés, etc... A des époques malheureuses, Jean le Bon et Charles VI vendent les offices de judicature. Ces mesures durent soulever des protestations, car les ordonnances de 1314, 1327 et 1440 s'élèvent avec force contre ce trafic. La vénalité n'était donc pas encore le droit commun à cette époque.

En 1467, Louis XI proclame l'inamovibilité des officiers. L'ordonnance déclare qu'ils ne pourront plus « *être destituez que pour forfaiture préalablement jugée et déclarée judiciairement...* (1) ».

Cette ordonnance marque une date importante dans l'histoire de la vénalité. Tant que les officiers, en effet, furent révocables à la volonté du roi, l'instabilité des

(1) Ordonnance du 21 octobre 1467.

fonctions faisait obstacle à l'achat des offices. Du jour
où ils jouirent de l'inamovibilité, rien ne s'opposait plus
à l'établissement de la vénalité. La royauté, dans un but
fiscal, ne tarda pas à la proclamer. Elle apparaît au dé-
but du XVIᵉ siècle.

Pour acquitter les dettes de son prédécesseur et faire
face aux dépenses occasionnées par les guerres d'Italie,
Louis XII vendit les offices de finances, dont il retira
« grans pécunes », nous disent les historiens du temps.
Les difficultés financières une fois dissipées, Louis XII,
reconnaissant les inconvénients de la vénalité, révoque
son édit en 1508.

Son successeur François Iᵉʳ, moins scrupuleux mais
aussi besogneux, généralise la mesure exceptionnelle
prise par son prédécesseur, et étend la vénalité à presque toutes les fonctions publiques. En 1522, il crée à
Paris le bureau des *parties casuelles* où les offices se
vendent au plus offrant et dernier enchérisseur. Dès
lors, « il se fit des offices, suivant les expressions du
chancelier l'Hôpital, ung trafic, commerce et négocia-
tion, comme des espèces de vin, de bled, de bestail et
aultres denrées que l'on expose en vente, ès foires et
marchés (1) ». Ce trafic immoral va constituer désormais une ressource pécuniaire pour notre ancienne monarchie.

Ne pouvant empêcher les titulaires d'offices de reven-

_____

(1) Cité par Victor Bellet, *Offices et officiers ministériels*, p. 158 et
159.

dre ce qu'ils avaient acheté, la royauté fit tourner ce droit de vente à son profit par l'institution de la *resigna-tio in favorem*.

L'officier qui cédait sa charge résignait ses fonctions en faveur d'une personne, laquelle devait être agréée par le roi. Celui-ci en profitait pour taxer fortement résignant et résignataire. La convention, en effet, était impuissante à faire passer l'office du cédant au cession-naire : il fallait au contrat de cession la sanction et l'approbation de l'autorité royale. Cette approbation se traduisait par la délivrance de lettres de provision qui conféraient le titre et la qualité d'officier, « sous la con-dition que la personne serait reconnue capable » (1) par les autorités compétentes.

Ce mode de cession offre de remarquables analogies avec le régime actuel : le législateur de 1816 s'est cer-tainement souvenu de la *resignatio in favorem* en créant le droit de présentation.

La prodigalité des rois de France et l'épuisement des finances avaient donné naissance à la vénalité. Des nécessités pécuniaires furent aussi la source de l'héré-dité des offices.

Les successeurs de François Ier, Henri II, Charles IX et Henri III, concèdent le privilège d'hérédité à certaines catégories d'offices le plus souvent moyennant finances. Puis, Henry IV étend ce privilège à tous les offices et

_____

(1) Pothier, *Introduction générale aux coutumes*, n° 57.

inaugure une combinaison financière nouvelle : l'édit
de Paulet (1604), du nom de Charles Paulet, secrétaire
du roi, son auteur, confère l'hérédité aux offices
moyennant le paiement d'une taxe annuelle, basée sur
la valeur de la charge.

L'acquittement de la taxe était facultatif et le privilège d'hérédité limité à l'année du paiement. Presque
tous les officiers usèrent de cette faculté qui eut pour
conséquence une augmentation considérable de la valeur des charges.

En l'espace d'un siècle et demi, l'organisation des
offices avait subi une révolution complète ; l'exercice
de fonctions révocables et temporaires s'était transformé en un véritable droit de propriété avec ses effets
essentiels : droit de percevoir les revenus de la charge,
droit de conserver l'office d'une manière exclusive, et
droit de transmettre à titre onéreux et à titre gratuit.

Ces avantages considérables sollicitaient l'ambition
des particuliers et, à chaque création d'office, les acquéreurs se pressaient plus nombreux pour se faire pourvoir d'un titre souvent improductif.

« Que le roi, disait Loyseau, en fasse tant qu'il voudra,
il trouvera toujours à les débiter » (1). La royauté trop
souvent besogneuse exploita avec avidité cette passion
du public pour les offices. Au XVIIe et au XVIIIe siècle
principalement, dans l'unique but d'alimenter le Trésor

_____

(1) Loyseau, *op. cit.*, liv. 3, ch. 1, n° 11.

épuisé par des guerres malheureuses et des prodigalités ruineuses, les rois de France multiplièrent les anciens offices d'une façon disproportionnée avec les besoins publics. Ces ressources étant insuffisantes, Louis XIV érigea même en offices héréditaires les dignités et emplois des villes et les vendit, soit aux particuliers, soit aux villes elles-mêmes. Il y eut ainsi des offices de maires, lieutenants de maires, échevins, consuls, capitouls, jurats, etc... qui, pendant tout le XVIIIᵉ siècle, furent tour à tour supprimés et rétablis, selon la prospérité ou l'épuisement des finances publiques.

Toujours dans un but fiscal, « la royauté établit aussi un grand nombre de privilèges, dont l'exercice n'avait absolument rien de commun avec la puissance publique. Non seulement toute fonction, mais presque tout métier devint office » (1).

Arrivée à ce degré d'extension, la vénalité constituait un des abus les plus criants de l'ancien régime : l'accès des fonctions publiques, fermé au mérite pauvre et honnête, était largement ouvert à l'incapacité et à l'indignité appuyées sur la fortune. « Depuis que l'or, nous dit Loyseau, a trouvé entrée parmi les offices, il y a tellement exercé sa domination que pour régner seul, il a bouché les autres chemins de la vertu et de la faveur (2) ». Deux siècles avant la Révolution, le chancelier L'Hôpital disait avec raison, « qu'au lieu de faire

(1) Perriquet, *Des offices ministériels*, p. 35.
(2) Loyseau, *op. cit.*, Avant-propos, n° 9.

provision de scavoir, bonne resputation et autres loua-
bles qualités, il faut, pour arriver aux offices, s'estudier
à faire amas d'or et d'argent (1) ».

D'autre part, les officiers devenus trop nombreux et,
ne trouvant plus dans l'exercice honnête de leurs fonctions une rémunération suffisante, pressuraient les particuliers. Aussi, la suppression de la vénalité et la réduction du nombre des offices figuraient parmi les
réformes les plus ardemment demandées par les États
généraux de 1789.

L'Assemblée constituante donna pleine satisfaction à
ces vœux : elle abolit la vénalité et l'hérédité des offices
en proclamant le droit des titulaires à une juste indemnité. Les offices à clientèle n'échappèrent point à la loi
commune : les offices de jurés priseurs furent supprimés, les professions d'agent de change, courtiers de
banque et de commerce, devinrent libres, les procureurs, maintenus par la Constituante sous le nom d'a-
voués, furent supprimés par la Convention, les notaires
durent être recrutés à l'avenir par voie de concours, et
les greffiers, nommés au scrutin et à la majorité absolue
des voix par les juges. Enfin, le droit de nomination et
de révocation des huissiers appartint aux tribunaux.
Le législateur avait fait table rase de l'organisation ancienne (2). Cependant la vénalité des offices à clientèle

(1) L'Hôpital cité par M. Durand, *op. cit.*, p. 7.
(2) Voy. lois du 21 juillet 1790, des 16-24 août 1790, du 21 avril
1791, du 29 septembre 1791, du 3 brumaire an II, du 19 vendémiaire
an IV, art. 27.

était loin de soulever les mêmes critiques que celle des offices de fonction. Nos anciens auteurs, ennemis de la vénalité, en reconnaissaient ici dans une certaine mesure l'utilité et la raison d'être. Avec une sévérité peut-être excessive, le législateur révolutionnaire les enveloppa tous dans la même réprobation.

La réforme des offices à clientèle eut des résultats contraires à ses espérances : elle ouvrit la porte à des abus pires que ceux supprimés. Une réaction devait se produire et effacer successivement les changements introduits.

Pour supprimer l'agiotage à la Bourse, les agents de change furent les premiers rétablis. L'improbité des défenseurs officieux faisant regretter les avoués supprimés, la loi du 27 ventôse an VIII, pour remédier à cette situation, organisa un corps d'avoués près de chaque degré de juridiction.

On abolit aussi le système du concours qui n'avait pas donné de bons résultats pour le recrutement des notaires ; aux termes de la loi du 25 ventôse an XI, les candidats aux offices de notaire vacants furent nommés dorénavant par le chef de l'État (art. 45).

Pareille décision avait déjà été prise pour la nomination des greffiers et huissiers (Loi du 27 ventôse an VIII).

Avec le rétablissement des offices ministériels, coïncide dans une certaine mesure la réapparition de la vénalité.

Déjà la loi des 29 septembre-6 octobre 1791 avait donné aux notaires le droit de traiter avec leurs successeurs du prix de leurs recouvrements, et ordonné, dans certains cas, l'adjudication sur enchères « de la possession des minutes entre les notaires publics de la résidence ». Cette loi ne rétablissait pas certainement la vénalité, puisque les notaires à cette époque étaient nommés au concours ; mais elle marquait les premiers pas dans une voie qu'on devait suivre plus tard.

Un projet, soumis à la commission législative de l'an VIII, allait beaucoup plus loin : il autorisait les officiers ministériels à faire des résignations in *favorem*. Le projet ne fut pas adopté.

La loi du 25 ventôse an XI autorisait les notaires à disposer de leurs minutes et de leurs répertoires, au profit d'un notaire de leur résidence ou du canton, et à traiter avec lui des « recouvrements et du bénéfice des expéditions » (Art. 54 et 59).

Pour justifier ces avantages, l'orateur du gouvernement Réal disait avec raison : « C'est aussi une propriété sans doute que cette confiance méritée, que cette clientèle acquise par une vie entière, consacrée par un travail opiniâtre et pénible ; mais si, dans la place qu'il occupe, le fonctionnaire ne peut jamais espérer de pouvoir, en aucune manière, disposer de cette propriété ; s'il ne peut avoir aucune influence même indirecte sur la disposition qui en sera faite ; si, comme dans le système du concours, il est convaincu que toutes les peines qu'il se donne ne profiteront qu'à lui seul ; que jamais son fils, ou l'homme dont il aura soigné l'instruction, ne pourront retirer le moindre profit de ses veilles, il se regardera comme un simple usufruitier, et il exploitera son emploi, comme l'usufruitier exploite la terre dont un autre a la propriété » (Réal, *Exposé des motifs*, *Moniteur* des 15 et 16 ventôse an XI).

La reconnaissance aux officiers d'un droit de propriété sur l'office était une œuvre de sagesse et de justice. Elle stimulait l'activité des titulaires, assurait le bon fonctionnement des affaires et évitait une perte aux anciens ministres de justice. La plupart en effet, malgré les promesses de l'Assemblée constituante, n'avaient reçu aucune indemnité ou avaient été payés en assignats discrédités.

Comme il arrive fréquemment, la pratique élargit le champ d'application de la loi de ventôse : les titulaires ne se bornèrent pas seulement à traiter avec leur successeur des recouvrements et du bénéfice des expéditions, ils comprirent dans le prix de la cession, la clientèle, fruit de l'activité du cédant.

« L'opinion que la clientèle d'un officier public est une sorte de propriété, dut prendre d'autant plus de consistance, que les traités faits au su et vu de l'autorité, n'étaient improuvés par aucune des lois soumettant aussi au cautionnement les autres officiers ministériels (1) ».

(1) Morin, *Discipline*, t. II, p. 20.

Ainsi dès l'époque du Consulat, l'œuvre de l'Assemblée constituante avait reçu une première atteinte. En droit, le titulaire ne pouvait pas, il est vrai, démissionner ouvertement en faveur de son successeur. En fait, les chambres de discipline n'agréaient que le candidat qui avait traité, avec son prédécesseur ou ses héritiers, de la clientèle et des minutes.

Cet usage se généralise encore sous l'Empire : les ventes de clientèles ont lieu avec l'approbation des pouvoirs publics, et l'État lui-même, dans certaines circonstances, donne à cet usage une consécration officielle.

Un décret du 19 mars 1808, ayant réduit à cent cinquante le nombre des avoués près le Tribunal de la Seine, un second décret du 25 mars suivant impose aux titulaires maintenus le paiement d'une somme d'argent, destinée à indemniser les avoués supprimés « de la perte de leur pratique », c'est-à-dire de leur clientèle. Ceux-ci conservent néanmoins le droit d'opérer leurs recouvrements.

Une décision du ministre des finances du 31 mai 1808 assimile la cession de la pratique à un abandon de créance et fixe en conséquence le droit d'enregistrement à un pour cent.

Enfin la jurisprudence reconnaît la validité de pareils traités, en tant qu'ils ont pour objet la clientèle.

Le temps était proche où cet usage toléré depuis vingt ans, malgré des textes de loi contraires, allait recevoir une consécration légale.

A l'avènement de la Restauration, les finances publiques étaient lourdement grevées par les charges de deux invasions consécutives. Pour équilibrer le budget, le législateur eut recours à un expédient financier, inspiré des pratiques de l'ancien régime.

L'article 88 de la loi de finances des 28 avril-4 mai 1816 augmente le cautionnement des officiers ministériels. En échange de cette obligation, l'article 91 de la même loi porte : « Les avocats à la Cour de cassation, notaires, avoués, greffiers, huissiers, agents de change, courtiers et commissaires-priseurs, pourront présenter à l'agrément de Sa Majesté des successeurs, pourvu qu'ils réunissent les qualités exigées par les lois. Cette faculté n'aura pas lieu pour les titulaires destitués. Il sera statué par une loi particulière sur l'exécution de cette disposition et les moyens d'en faire jouir les héritiers ou ayants-cause desdits officiers... »

Cet article si laconique est encore aujourd'hui la grande Charte des officiers ministériels et la base légale du régime des offices. Malheureusement, la loi d'interprétation promise à la fin de l'article n'a jamais été rendue. De là des incertitudes et des difficultés qui ont été résolues au fur et à mesure qu'elles se sont présentées, soit par des circulaires administratives, soit par des arrêts de jurisprudence. Ces solutions qui n'ont pas toujours été heureuses, ont fait regretter plus vivement l'absence d'une loi.

Quoi qu'il en soit, la transmission d'un office peut

s'opérer de deux manières : ou bien, le titulaire se démet gratuitement de ses fonctions au profit d'un candidat, ou bien, il stipule un prix pour le présenter à l'agrément du Gouvernement.

Ce second mode de transmission est le plus pratique et le plus intéressant.

Nous examinerons seulement, dans cette étude, les diverses questions que soulève la *cession à titre onéreux des offices ministériels*.

CHAPITRE PREMIER

DROIT DES OFFICIERS MINISTÉRIELS ET CARACTÈRES
GÉNÉRAUX DU CONTRAT DE CESSION D'OFFICE.

L'article 91 de la loi du 28 avril 1816 a rétabli dans
notre droit la vénalité des offices, mais avec des caractères bien différents de celle d'autrefois.

Nous avons déjà vu que, sous le rapport de l'étendue,
il n'y avait pas de comparaison possible entre la vénalité ancienne et moderne. La première embrassait toutes les fonctions publiques, la deuxième s'applique à
une catégorie très limitée de fonctions.

Au point de vue de la nature du droit, il y a également de profondes différences entre les offices actuels
et ceux de l'ancien régime.

Jadis l'office était un véritable bien mis dans le commerce. Il était transmissible par tous les modes de
cession à titre onéreux et à titre gratuit, susceptible de
mise en société, d'hypothèque, de mise en gage. Il pouvait faire l'objet d'une saisie et d'une vente aux enchères publiques. Les offices domaniaux pouvaient même
être donnés à bail, et le titulaire tirer un revenu de l'office, sans être astreint à l'exercice de la fonction. En un
mot, c'était presque une propriété de droit commun.

2

Aujourd'hui la législation est infiniment moins large : l'office ne se prête plus aux multiples combinaisons juridiques de l'ancien droit, et le droit des titulaires entouré de restrictions sévères, soumis dans toutes ses manifestations au contrôle de l'autorité publique, revêt un caractère tout spécial. Nous allons l'examiner.

§ 1. — Nature de la faculté de présentation.

La loi de 1816 accorde aux officiers ministériels la faculté de présenter un successeur à l'agrément du Gouvernement. Que faut-il entendre par là ? La question a soulevé un moment d'assez vives controverses.

Au lendemain du vote de l'article 91, dans une circulaire en date du 21 février 1817, le chancelier Pasquier s'exprimait en ces termes :

« Vous êtes sans doute bien convaincu, M. le Procureur du roi, que la loi du 28 avril 1816 n'a pas fait revivre la vénalité des offices qui n'est pas en harmonie avec nos institutions, vous ne devez voir dans les dispositions de l'article 91 qu'une *condescendance*, qu'une *probabilité de préférence* accordée aux officiers ministériels ».

Cette circulaire eut un certain retentissement et trouva plus tard écho dans la jurisprudence : « Une faculté de présentation, dit un arrêt de la Cour de Rouen, quelles que puissent être les conséquences plus ou moins forcées que l'usage ou l'abus soient parvenus à en tirer, ne saurait être assimilée à un droit de propriété (1) ».

On soutint même, qu'en accordant aux officiers ministériels la faculté de présenter des successeurs à l'agrément du roi, la loi de 1816 n'avait fait que donner aux traités une forte obligation dont jusqu'alors ils étaient dénués (2).

Ces assertions sont certainement erronées : elles sont démenties par les usages antérieurs au vote de l'article 91 et les textes sur la matière.

Avant 1816, le gouvernement et la jurisprudence avaient déjà reconnu aux officiers ministériels le droit de disposer de la clientèle et de certains éléments accessoires de l'office. Il est naturel de penser, qu'en-leur demandant un supplément de cautionnement, le législateur a confirmé et étendu ces prérogatives.

Le texte de l'article 91 et les documents postérieurs sont favorables à cette interprétation : l'ordonnance du 29 juin 1816 déclare, à trois reprises différentes, que les officiers ministériels ont « la faculté de disposer de leurs offices, de leurs charges ». L'ordonnance du 3 juillet 1816 s'exprime ainsi dans son article 1er : « Dans le cas de transmission prévu par l'article 91 ». Les nombreuses ordonnances, rendues sur cette matière sous la Restauration, tiennent exactement le même langage.

La faculté de présentation est donc toute autre chose qu'une « condescendance, qu'une probabilité de préfé-

(1) Rouen, 29 décembre 1847, Dalloz, 48,2,1 et note.
(2) Voir pour l'exposé de ces doctrines : Bellet, *op. cit.*, p. 249.

rence », c'est un droit de transmission garanti aux officiers ministériels en échange des sacrifices qu'ils se sont
imposés. Or on ne peut valablement transmettre que ce
qui vous appartient. La faculté de présentation est donc
la reconnaissance tacite au profit du cédant d'un droit
de propriété.

L'existence de ce droit a été plusieurs fois confirmée
par les déclarations du législateur depuis 1816. Le rap-
porteur de la loi du 21 avril 1832, relative aux droits
d'enregistrement applicables aux transmissions d'offices, déclarait que « la loi de 1816, en donnant à des
fonctionnaires ou officiers ministériels la faculté de présenter des successeurs, avait créé, entre leurs mains, et à
leur profit, une nouvelle propriété transmissible ». La
même affirmation a été reproduite par le ministre des
finances, dans l'exposé des motifs de la loi du 25 juin
1841 modifiant les droits d'enregistrement applicables
aux traités de cession d'offices. La propriété des offices
a été solennellement reconnue et proclamée par l'Assemblée constituante, lors du vote de l'article 11 de la
Constitution de 1848, dans la circulaire ministérielle du
26 mars 1856 et dans le préambule de la loi du 18 juillet 1866. Le principe de la propriété des offices est donc
définitivement reçu dans la législation (1).

Il convient cependant de faire ici de justes réserves :

_____

(1) Voy. Eug. Durand, *Des offices*, nᵒˢ 209 et suiv. — Dalloz, 48, 4,
221, note 38.— *Répert. de lég.*, vᵒ *Office*, nᵒ 58.— Perriquet, *op. cit.*,
p. 168 et suiv.

le droit des officiers n'a pas l'étendue et l'ampleur d'un droit de propriété ordinaire, le titulaire d'un office n'a pas la libre disposition de sa charge, il n'a pas le *jus utendi et abutendi* dans sa plénitude, ses droits sont limités par l'autorité publique. Il peut seulement présenter un successeur. L'État, considérant les fonctions d'officier comme un mandat de la souveraineté nationale, s'est réservé le droit de nommer les candidats, de surveiller la transmission et la gestion des charges, d'exercer en un mot un contrôle sévère sur les offices au nom de l'ordre public.

Ces restrictions ne sont cependant pas inconciliables avec un droit de propriété, elles en atténuent les effets sans le détruire. Les exemples de restrictions semblables sont fréquents dans notre droit, sans que ceux qui en sont frappés perdent la qualité de propriétaires.

« Celui à qui appartient une mine n'est pas maître de l'exploiter à son gré et d'en percevoir par lui-même tous les produits.

« Celui qui commet un délit s'expose à la confiscation de l'instrument qu'il emploie.

« Nous n'avons pas toujours la liberté de transmettre les choses qui nous appartiennent de la manière la plus absolue, et cependant les limites apposées à notre droit n'en changent pas la nature et ne lui enlèvent pas sa qualification » (1).

(1) Duvergier, *Revue étrangère*, t. 7, p. 323.

Ainsi, malgré les restrictions dont il est entouré au nom de l'ordre public, le droit des officiers ministériels est un droit de propriété, incomplet à certains égards, mais qu'on ne saurait mettre en doute après les affirmations réitérées du législateur.

Dans quelle classe de biens, faut-il ranger cette propriété? Parmi les meubles ou les immeubles? La question a de l'importance notamment au point de vue de l'existence du privilège du cédant que nous aurons plus loin à examiner.

Dans l'ancien droit, les offices considérés à l'origine comme des objets mobiliers, étaient réputés au temps de Loyseau, c'est-à-dire vers la fin du XVIe siècle, tantôt meubles, tantôt immeubles, selon l'importance des cas. En matière successorale et en cas de saisie notamment, l'office était réputé immeuble (1).

Au temps de Pothier, l'office était toujours réputé immeuble. Le grand jurisconsulte reconnaît le vice de cette classification et nous en donne la raison : « Les offices, dit-il, ayant fait une partie considérable de la fortune des particuliers, la jurisprudence s'est introduite de les déclarer immeubles » (2). Le caractère immobilier des offices était une conséquence de la vieille maxime : *res mobilis, res vilis*.

Aujourd'hui que la distinction des biens est fondée

(1) Loyseau, *op. cit.*, liv. 3, ch. 4, n° 34. — *Coutume de Paris* (art. 95).— Loyseau, l. 3, ch. 4, n° 11.
(2) Pothier, *Traité des personnes et des choses*, partie 2, § 2, *in fine*.

sur leur véritable nature, sans tenir compte de leur valeur, les offices sont rangés avec juste raison dans la
classe des meubles incorporels.

Le Code civil, il est vrai, est muet à cet égard. L'article 529, énumérant les meubles par détermination
de la loi, ne mentionne pas les offices. Cette omission
est toute naturelle. Avant 1816, les offices n'ayant pas
d'existence légale ne pouvaient pas figurer dans l'énumération du Code civil.

Cette énumération n'est, du reste, pas limitative : l'article 535 déclare que *l'expression biens meubles, celle de
mobilier ou d'effets mobiliers, comprennent généralement
tout ce qui est censé meuble d'après les règles ci-dessus
établies.*

En vertu de ce principe, l'office, ayant pour élément
principal le droit de présentation, est assimilable aux
valeurs énumérées dans l'article 529 et rentre dans la
catégorie des meubles par détermination de la loi, c'est-
à-dire des meubles incorporels.

§ 2.— La cession d'un office est-elle une vente ?

Les officiers ministériels peuvent incontestablement
stipuler un prix pour leur démission et faire payer le
droit de présentation. La jurisprudence et la doctrine
sont fixées depuis longtemps sur ce point important. On
a pu se demander cependant si la cession d'un office à
prix d'argent était une véritable vente. Les particulari-

tés du contrat, la nature de l'objet aliéné, les conditions
de validité requises pour la transmission des offices ont
suscité un moment quelques doutes.

« La cession d'un office, a dit M. Dard, ne constitue
pas un contrat de vente, puisque l'office qui est la chose
vendue est dans la disposition du prince qui peut seul
en pourvoir la personne qui lui est présentée, laquelle
il est entièrement libre d'agréer ou de refuser... mais
c'est un de ces contrats que les jurisconsultes romains
appelaient contrats *innommés* et pour lesquels ils avaient
introduit l'action *præscriptis verbis* ou *in factum* (1) ».
La cession d'un office se réduisait ainsi à la vieille formule romaine, *do ut facias*.

Cette doctrine n'a point prévalu : il y a dans la cession
d'office, ainsi que nous le verrons au cours de cette
étude, tous les éléments constitutifs d'une vente : *res,
pretium, consensus*.

Sans doute la chose ici vendue a un caractère spécial : la faculté de présentation, objet principal du contrat, n'a pas les caractères d'une propriété ordinaire.
Elle n'est susceptible, ni de saisie, ni d'expropriation,
ni de société (2), ni de mise en gage. Elle est insépara-
ble des fonctions du titulaire et ne peut être, ni soumise
à un usufruit, ni comprise dans une nue propriété. Elle

(1) Dard, *Traité des offices*, p. 208. Dans le même sens : Trib. de
Meaux, 13 mars 1834 (Sir. 35, 2, 112) ; Riom, 10 février 1845 (Sir.
45, 2, 666) ; Rouen, 29 décembre 1847 (Dall. 48, 2, 1).
(2) Exception est faite pour les offices d'agent de change (Loi du
2 juillet 1862).

échappe en un mot aux principales règles de l'appro-
priation privée.

Mais, c'est néanmoins un véritable bien que le titulaire d'un office peut mettre à la disposition du cessionnaire moyennant un prix, engagement qui constitue une
vente puisqu'aux termes de l'article 1582 du Code civil : « La vente est un contrat par lequel l'un s'oblige à
livrer une chose et l'autre à la payer ».

La loi de finances du 25 juin 1841 l'a ainsi interprétée.
L'article 34 s'occupe « des traités ou conventions ayant
pour objet la transmission à titre onéreux ou gratuit
d'un office, de la clientèle, des minutes, répertoires, recouvrements et autres objets en dépendant ». Le législateur assimilant la cession à titre onéreux d'un office à
une *vente* mobilière, frappe cet acte du droit de deux
pour cent outre les décimes, calculé sur le montant du
prix augmenté des charges.

La jurisprudence, sauf les dissidences signalées, s'est
placée depuis longtemps sur le même terrain que la loi
fiscale et traite les cessions d'office, comme de véritables
ventes de fait et de droit.

Le caractère particulier de l'objet aliéné a cependant
influé sur l'appellation du contrat. De même que dans
notre ancien droit, la cession à titre onéreux d'un office
portait le nom spécial de résignation, de même aujour-
d'hui, dans la langue du droit, on l'appelle plus volon-
tiers une *cession* qu'une vente.

Il faut entendre, par cette expression courante, non

pas la vente du titre et de la fonction qui sont incessibles et insaisissables, mais la cession du droit de présentation et de la clientèle avec ses accessoires, répertoires, dossiers, papiers, registres, etc., qui constituent la partie commerciale et la valeur pécuniaire de l'office.

La cession d'un office, à un autre point de vue, diffère complètement d'une vente ordinaire : elle n'est pas pure et simple, elle n'est pas réalisée immédiatement par l'accord des parties sur la chose et sur le prix, elle est soumise à la condition suspensive que l'administration approuvera le traité et agréera le candidat présenté. Jusque-là, le traité est un simple projet susceptible de modification.

Si l'approbation administrative est refusée, la cession est nulle et le cessionnaire est dégagé des obligations contractées.

Si, au contraire, le traité est approuvé et le candidat agréé, le cessionnaire acquiert à la date du décret de nomination la faculté de présentation, à la condition toutefois de prêter serment.

Le refus ou l'impossibilité de prêter serment rendent nulles et la cession et la nomination (1).

§ 3. — Qui peut exercer la faculté de présentation ?

La faculté de présentation est un privilège réservé

(1) Greffier, *op. cit.*, 4ᵉ édit., p. 80.

aux officiers ministériels et limité à la transmission des fonctions désignées par l'article 91.

Les fonctionnaires publics, autres que les officiers ministériels, ne peuvent donc pas présenter un successeur à l'agrément du gouvernement. Ne peuvent-ils pas cependant mettre à prix les avantages de leur démission ? La question s'est posée maintes fois devant la jurisprudence et a reçu des solutions contradictoires.

La majorité des auteurs et des arrêts s'est prononcée pour la négative. Cette opinion nous paraît juridique : les fonctions publiques en effet étant hors du commerce ne sont pas susceptibles de faire l'objet d'une convention (C. civ., art. 1128 et 1598) (1).

La loi du 9 juin 1853, article 27, a tranché la controverse dans un sens favorable à cette opinion : elle proclame déchu de ses droits à la retraite le fonctionnaire qui a cédé son emploi à prix d'argent.

En fait, certaines charges qui ne sont pas énumérées dans l'article 91 se transmettent cependant à prix d'argent.

Les agréés, c'est-à-dire les personnes désignées par les tribunaux de commerce pour représenter les parties devant cette juridiction, ne sont pas des officiers ministériels. Néanmoins dans la pratique, ils sont autorisés

---

(1) En ce sens : Duvergier, *Vente*, t. 1, n° 207 ; Rolland de Villargues, *Répert.*, v° *Office*, n° 55 ; Taulier, t. 6, n° 161 ; Troplong, *Vente*, n° 220 ; Eug. Durand, *op. cit.*, p. 221, note 1 ; Perriquet, *op. cit.*, p. 207 et suiv. — *Contrà* : Dalloz, *Répert.*, v° *Obligation*, n° 562.

à présenter un successeur à l'agrément du tribunal près duquel ils exercent ; par suite, ils peuvent valablement céder à titre onéreux la clientèle et la pratique de leur charge (1).

A certains égards, les agréés ont même une situation plus favorable que les officiers ministériels : n'étant pas régis par la loi de 1816, ils conservent en cas de destitution leur droit de transmission.

Ce droit non inscrit dans l'article 91, mais reconnu par la jurisprudence, s'explique par la nature des fonctions exercées par les agréés : comme les officiers ministériels, ils ont une clientèle, une pratique, et la cession de ces éléments incorporels est « une cause valable de stipulation (2) ».

Lorsqu'un officier ministériel meurt en fonctions, à quelle personne appartient le droit de présentation ? L'article 91 porte dans sa partie finale : « *Il sera statué par une loi particulière sur les moyens d'en faire jouir les héritiers ou ayants cause desdits officiers* ». La loi prévue dans ce paragraphe n'ayant jamais été rendue, cette disposition a été la source de nombreuses controverses.

On a soutenu que dans l'état de notre législation, le titulaire pouvait seul exercer le droit de présentation. Ce système s'appuyait sur le texte et les travaux préparatoires de la loi de 1816 : L'article 91, a-t-on dit, reconnaît en termes exprès le droit du titulaire, mais il

(1) Req., 14 décembre 1847, Dall., 48,1,12.
(2) Dall., *Répert. de jurisp.*, v° *Office*, p. 117.

réserve à une loi ultérieure le soin de déterminer, si les
héritiers et ayants cause seront admis au bénéfice du
droit de présentation. Ce qui le prouve, c'est que les
mots « femmes et enfants » contenus dans l'article 49
du projet, devenu depuis l'article 91, ont été éliminés de
la rédaction définitive et remplacés par la disposition
finale actuelle. En attendant la loi promise, « légalement parlant, les héritiers n'ont que l'expectative d'un
droit promis et non acquis (1) ». En fait, si les héritiers
sont autorisés à présenter un successeur, c'est en vertu
d'une tolérance administrative et nullement par l'effet
d'un texte de loi.

Cette doctrine n'a point prévalu : elle dénature certainement les intentions du législateur et le sens de l'article 91. La disposition que nous étudions vise une loi
d'interprétation, destinée à régler l'exercice du droit de
présentation par les héritiers, ce qui signifie évidemment qu'elle en reconnaît l'existence et le principe.

Cette opinion est confirmée par les textes législatifs
postérieurs à l'article 91. Les ordonnances des 29 mai,
11 juin 1816 et 3-12 juillet de la même année, relatives aux offices d'agents de change, accordent le droit
de présentation aux veuves et enfants du titulaire décédé en fonction. L'article 9 de la loi du 25 juin 1841
qui fixe les droits d'enregistrement, applicables aux

_____

(1) Caen, 12 juillet 1827 (D., _Rép._, v° _Office_, n° 390, note 1). Voir dans
le même sens : décision du garde des sceaux du 13 octobre 1843,
D. 44, 3, 31.

traités de cession intervenus entre les héritiers du titulaire, reconnaît tacitement la validité de ces traités.

Le droit de présentation n'est donc pas, comme on
l'a soutenu, l'apanage exclusif du titulaire, il passe,
après son décès, aux héritiers dans l'acception la plus
large du mot, c'est-à-dire aux héritiers légitimes et aux
héritiers naturels, aux héritiers en ligne directe et aux
héritiers en ligne collatérale. L'article 91 n'ayant pas
fait de distinction, tous sont aptes à l'exercer.

Quand les héritiers ne s'entendent pas pour présenter un successeur, ou demandent un prix tellement
élevé qu'il détourne les acquéreurs, le ministère public
fixe un délai aux héritiers pour présenter un successeur. Faute de l'avoir fait dans le temps prévu, la Chambre de discipline sur l'invitation du ministère. public
procède à l'évaluation de l'office ; le Tribunal est appelé ensuite à donner son avis sur le même objet. Ces
formalités remplies, le gouvernement nomme un successeur à l'officier défunt, choisi sur une liste de trois
aspirants dressée par le Procureur de la République,
à charge de verser l'indemnité stipulée, soit aux héritiers, soit à la Caisse des dépôts et consignations (1).

Aux termes de l'article 91, le droit de présentation
appartient également aux « ayants cause » de l'officier
décédé. Il faut entendre par là les donataires ou léga-
taires à titre universel du défunt. Mais faut-il compren-

_____

(1) Greffier, *op. cit.*, 4e édit., p. 51. Décisions des 30 octobre 1841
et 30 août 1842.

dre, sous cette appellation, les créanciers qui, dans le sens ordinaire du mot, sont aussi des ayants cause ?

La Chancellerie s'est toujours refusée à leur reconnaître cette qualité : « Les créanciers d'un notaire décédé, dit une décision ministérielle, ne sont pas ses ayants cause dans le sens de l'article 91 de la loi du 28 avril 1816, et admissibles à ce titre à présenter un successeur, même concurremment avec les héritiers du titulaire » (1). Du reste, ajoute une autre circulaire, le gouvernement « a eu de justes motifs pour refuser aux créanciers ce que l'équité l'a porté à admettre en faveur des héritiers. Il suffit pour établir la qualité de ceux-ci d'un testament, d'un intitulé d'inventaire ou d'un acte de notoriété, tandis que la qualité de créancier est incertaine et contestable ; elle peut faire naître de longs débats judiciaires... et le gouvernement qui, dans l'intérêt du service et des justiciables, doit pourvoir promptement aux vacances, serait évidemment entravé dans l'exercice de sa prérogative, s'il devait attendre pour nommer qu'il eût été statué sur tous les incidents de procédure et que l'instance ait subi tous les degrés de juridiction » (2).

Le gouvernement ne reconnaît donc pas plus le droit des héritiers que celui des créanciers, mais ce qu'il accorde aux premiers par esprit d'équité, il le refuse aux seconds pour des raisons d'ordre public.

(1) Décision ministérielle du 13 octobre 1843 déjà citée.
(2) V. Dalloz, *Répert.*, v° *Office*, n° 94.

Cette doctrine est évidemment très défavorable aux intérêts des créanciers. Ceux-ci ne pouvant ni exercer le droit de présentation directement, ni se faire subroger au droit des héritiers négligents, il en résulte que l'Etat nomme lui-même le titulaire.

Les créanciers ne sont cependant pas spoliés : le gouvernement met à la charge du candidat nommé le paicment d'une indemnité qui leur est attribuée. Néanmoins cette intervention de l'État est le plus souvent préjudiciable aux créanciers, car le chiffre de l'indemnité n'est jamais aussi élevé que si le prix de cession eût été librement débattu entre les créanciers et le titulaire. D'autre part, dans le système de la Chancellerie, le paicment d'une indemnité ne constitue pas un droit pour les créanciers, c'est un acte de bienveillance du gouvernement, une disposition à titre gracieux qui peut disparaître avec un changement de jurisprudence (V. Dall., *Répert.*, vº *Office*, nº 92).

La jurisprudence et la majorité des auteurs s'étaient élevés, dans le principe, contre la doctrine de la personnalité du droit de présentation soutenue par la Chancellerie. Les Cours d'appel, en présence d'héritiers négligents ou de mauvaise foi, autorisaient généralement les créanciers à présenter un successeur par subrogation aux droits et actions de leurs débiteurs (art. 1166) (1).

---

(1) En ce sens : Colmar, 29 mai 1835 (D. 35, 2, 135). — Paris, 17 nov. 1838 (Dall. 39, 2, 32). — Riom, 10 février 1845 (Dall. 45, 2, 190).

La Cour de cassation saisie d'un pourvoi dans l'intérêt de la loi contre un arrêt de la Cour de Paris a, sur les conclusions de M. le conseiller Laborie, rejeté la prétention des créanciers (1).

Contrairement à l'opinion de la Chancellerie, cet arrêt reconnaît l'existence du droit de présentation au profit des héritiers par cela seul qu'il est mentionné dans l'article 91. Mais il refuse aux créanciers la qualité d'ayants cause au sens spécial de la disposition qui nous occupe.

Les arguments qui ont motivé l'arrêt de la Cour suprême, sont brillamment développés dans le rapport du conseiller Laborie (2).

Ce rapport invoque d'abord l'exemple de l'ancien droit où les créanciers ne pouvaient pas présenter un successeur à l'officier défunt. Il fait valoir les changements de rédaction introduits dans l'article 91, et expose qu'en agissant ainsi, le législateur a voulu établir une distinction entre les ayants cause, continuateurs de la personne du défunt, et les simples créanciers.

Les premiers ont « un double intérêt, un intérêt d'honneur autant que de fortune, à faire choix d'un successeur » probe et capable.

Les seconds n'ont qu'un intérêt pécuniaire. Ils sont naturellement peu préoccupés de la dignité du candidat,

17 novembre 1838 (D. 39, 2, 32); Riom, 10 février 1845 (D. 45, 2, 190) et nos anciens auteurs, Bataillard, Rolland de Villargues et Dard.

(1) Cass., 23 mai 1854 (D. 54, 1, 171). Cet arrêt a cassé un arrêt de la Cour de Paris du 23 août 1852 (D. 53, 2, 19).

(2) Voir le texte intégral de ce rapport dans Dalloz (54, 1, 171).

et se soucient, avant tout, de voir le prix de l'office s'élever à un chiffre suffisant pour couvrir le montant de leur créance.

Le législateur a suffisamment protégé les intérêts des créanciers en leur donnant action sur le prix de l'office, il n'a pas entendu par le mot « ayants cause » leur accorder le droit de présentation, véritable délégation de la puissance publique.

Cette argumentation n'est pas sans réplique. Elle prête même largement le flanc à la critique.

On ne peut pas sérieusement invoquer ici les pratiques de l'ancien droit pour justifier l'exclusion des créanciers. Jadis, il est vrai, les créanciers ne pouvaient pas se faire subroger au droit de présentation des héritiers, mais ils jouissaient de prérogatives plus efficaces. Ils pouvaient faire saisir l'office et contraindre le titulaire à passer procuration *ad resignandum*. Leurs intérêts étaient pleinement sauvegardés.

Aujourd'hui, la situation des créanciers est bien moins favorable : ils n'ont plus aucune action sur l'office du vivant du titulaire et, après son décès, on leur refuse le droit de présentation, même en se faisant subroger aux droits et actions des héritiers. C'est les priver de leurs droits naturels et faire dépendre le paiement de leurs créances du bon plaisir du gouvernement. Evidemment, une pareille dérogation aux règles du droit commun devrait, pour être admise sans contestation, s'appuyer sur une loi formelle. Or le texte de l'article 91 n'autorise

pas, quoi qu'on dise, un régime aussi exceptionnel. Les
inductions, qu'on prétend tirer des remaniements ap-
portés au texte primitif de l'article, sont plutôt favorables aux créanciers. Les mots « ayants cause », ajoutés
à ceux d' « héritiers et substitués », à ceux « de veuves
et enfants » contenus dans le projet, n'indiquent nullement que le législateur ait voulu distinguer, entre les
continuateurs de la personne du défunt et les simples
créanciers, car le mot « héritier », désignant d'une façon
générale tous les successeurs à titre universel du défunt,
eût suffi dans ce cas à rendre sa pensée. Il est bien plus
probable qu'en employant la formule « héritiers et
ayants cause », le législateur a voulu généraliser et
étendre, même aux simples créanciers, l'exercice du
droit, de présentation.

En fait, cette prérogative n'est pas incompatible avec
une transmission régulière des offices. La Chancellerie
eût pu adopter ici la ligne de conduite qu'elle s'est tra-
cée à l'égard des héritiers, c'est-à-dire fixer, en cas de
contestation, un délai aux créanciers à l'expiration
duquel elle aurait nommé d'office le titulaire.

A défaut de la loi d'interprétation promise, il était
logique d'entendre le mot « ayant cause » dans son sens
juridique et ordinaire. En restreignant la portée de
cette expression aux seuls continuateurs de la personne
du défunt, la jurisprudence a obéi à des considérations
d'un ordre élevé, mais elle est sortie de son rôle d'in-

terprète pour empiéter sur le domaine législatif (1).

Quoi qu'il en soit, dans l'état actuel de la jurisprudence, les créanciers ne peuvent exercer leurs droits
que sur le prix ou l'indemnité payés par le successeur.

La faculté de présentation accordée aux officiers ministériels disparaît, en cas de destitution du titulaire,
de suppression d'office et de démission pure et simple.
Dans ces divers cas, la Chancellerie impose généralement le paiement d'une indemnité, soit au représentant
de l'officier destitué ou démissionnaire, soit à ceux qui
bénéficient de la suppression de l'office.

Nous examinerons au chapitre du privilège du cédant
le caractère et le mode d'attribution de cette indemnité.
Disons dès maintenant que, depuis cinquante ans, la
Chancellerie et la Cour de cassation se refusent à considérer comme un prix, l'indemnité payée après destitution. Elles admettent que le titulaire destitué, ayant
perdu le droit de présentation, est déchu de son droit à
la valeur vénale de l'office, et que la somme d'argent,
dont le paiement est imposé à son remplaçant, a le caractère d'une libéralité, faite par le gouvernement aux
créanciers. Nous verrons ce qu'il y a d'exagéré et d'injuste dans cette conception de l'indemnité stipulée après
destitution et les conséquences rigoureuses qui en résultent pour le privilège du cédant.

----

(1) En ce sens : Dall., *Répert. de jurisp.*, vᵒ *Office*, p. 122 et suiv.; —
Perriquet, *op. cit.*, p. 478 et suiv. — *Contrà* : Eug. Durand, nᵒ 303,
p. 347 et toute la jurisprudence actuelle.

CHAPITRE II

La cession d'un office est une vente d'un caractère
spécial, c'est dire qu'à côté des conditions générales de
validité requises pour une vente ordinaire, un pareil
contrat est soumis, pour être valable, à l'observation de
règles exceptionnelles. Nous allons examiner dans ce
chapitre tout ce qui a trait à la forme, au consentement,
à la capacité des parties, à l'objet et au prix de la cession.

§ 1. — Forme de la cession.

La loi de 1816 est muette sur les formes du traité de
cession. La convention peut donc être constatée, soit
par acte authentique, soit par acte sous seings privés,
conformément aux dispositions de l'article 1582 du
Code civil en matière de vente.

A défaut d'acte, la cession pouvait même, à l'origine,
être établie par témoins dans les conditions du droit
commun, notamment, quand il y avait un commence-
ment de preuve par écrit (Bordeaux, 7 mai 1834, Dall.,
35,2,73).

On ne peut plus aujourd'hui invoquer la preuve tes-

timoniale pour établir qu'il y a eu cession. La loi du
25 juin 1841 exige l'existence d'un écrit. L'article 6
dispose, que « tout traité ou toute convention, ayant
pour objet la transmission à titre onéreux ou gratuit,
en vertu de l'article 91 de la loi de 1816, d'un office, de
la clientèle, des minutes, répertoires, recouvrements et
autres objets en dépendant, devra être constaté par
écrit et enregistré, avant d'être produit à l'appui de la
demande de nomination du successeur désigné ».

Conformément à ce texte, le candidat doit produire
à la Chancellerie, à l'appui de sa demande, une expédi-
tion ou un exemplaire du traité de cession, suivant que
l'acte est authentique ou sous seings privés, portant la
mention de l'enregistrement et des signatures dûment
légalisées ; si la demande du candidat est rejetée, les
droits d'enregistrement lui sont restitués sur la simple
production de la lettre ministérielle qui annonce le rejet de présentation (1).

Quand l'acte est sous seings privés, les formalités administratives, l'approbation de la Chancellerie et la
mention du traité faite dans le décret de nomination,
lui impriment-elles le caractère d'authenticité ? L'intérêt de la question est de savoir si, dans ce cas, le cédant
peut introduire contre le cessionnaire une demande en
vérification d'écritures. La jurisprudence sur ce point
est indécise.

(1) Greffier, *op. cit.*, 4ᵉ édition, p. 41 et 42. Instruction du 22 octobre 1842.

Il a été jugé que l'authenticité du traité de cession est suffisamment établie par le décret de nomination qui le vise et que, par suite, il n'y avait pas lieu d'admettre une demande en vérification d'écritures (Paris, 9 février 1839, Sirey, 39, 2, 463).

La Cour de Besançon s'est prononcée en sens contraire : elle admet, il est vrai, que le visa administratif et les formalités officielles confèrent au double transmis à la Chancellerie un caractère d'authenticité, mais par contre, elle estime que le double, resté entre les mains du cédant et qui forme son titre, conserve son caractère d'acte sous seings privés et peut faire par suite l'objet d'une vérification d'écritures (Besançon, 8 décembre 1863, Dall., 63, 2, 224).

Cette distinction semble peu juridique : en principe, les deux doubles de l'acte de cession doivent présenter une parfaite concordance de texte. Mais si, par hasard, des divergences existent, c'est le double du cessionnaire déposé à la Chancellerie, approuvé par le gouvernement et exécuté par les parties, qui fera foi en justice. Les deux exemplaires de l'acte de cession correspondent, en réalité, à un titre unique, revêtu du cachet officiel et base des droits du cédant comme du cessionnaire. Dans ces conditions, une demande en vérification d'écritures semble difficile à admettre. Elle n'offre pas cet intérêt sérieux exigé par la loi pour qu'elle soit accordée. Son but est d'obtenir contre le cessionnaire un jugement emportant hypothèque judiciaire. Or, en principe, on ne

doit pas, sans le consentement du débiteur, accorder au
créancier des sûretés qui ne lui appartiennent point en
vertu de son titre originaire. La demande du cédant
n'est donc pas suffisamment fondée pour être accueillie.

§ 2. — Consentement et capacité des parties.

Les règles du droit commun sont applicables au consentement en matière de cession d'office : par suite, le
contrat n'existe pas, s'il n'y a pas eu consentement. Il
est annulable, si le consentement a été donné par erreur, obtenu par dol ou par violence. Il convient de faire
certaines réserves sur l'application du principe : la nullité du contrat de cession ne peut être prononcée qu'antérieurement au décret de nomination du titulaire.
Après cette date, l'action ne peut aboutir qu'à une con-
damnation à des dommages-intérêts. Cette particularité
s'explique par l'intervention dans le contrat des pouvoirs publics : jusqu'à la ratification gouvernementale
et l'investiture du titulaire, le traité a un caractère privé ;
par suite, il est soumis à toutes les causes de résolution
et de nullité qui peuvent atteindre un contrat ordinaire ;
l'intervention du chef de l'État lui donne un caractère
immuable et définitif. La nomination d'un officier, en
effet, est son œuvre, elle ne saurait être anéantie par
l'expression d'une volonté particulière. Le chef de l'État
conférant seul le titre d'officier au cessionnaire, le

cédant n'a pas le pouvoir de reprendre ce qu'il n'a pas donné (1).

Le consentement doit émaner de personnes capables.

La capacité ordinaire suffit au cédant. Le cessionnaire doit, en outre, jouir d'une capacité spéciale, motivée par la nature des fonctions qu'il est appelé à exercer.

Nous allons d'abord examiner les divers cas d'incapacité qui peuvent exister du côté du cédant.

Un des plus fréquents, c'est la minorité des héritiers appelés à exercer le droit de présentation. Sous le régime du Code civil, le tuteur ou le mineur émancipé assisté de son curateur, pouvant aliéner leurs meubles sans autorisation spéciale, le traité de cession pouvait être conclu sans l'approbation du conseil de famille.

En fait, cependant, la Chancellerie exigeait toujours l'accomplissement de cette formalité, et, de plus, un avis favorable du tribunal.

La loi du 27 février 1880, relative à l'aliénation des valeurs mobilières appartenant aux mineurs, a donné force de loi aux usages de la Chancellerie : l'article 1er dispose, que « le tuteur ne pourra aliéner, sans y être autorisé préalablement par le conseil de famille, les rentes, actions, parts d'intérêts, obligations et autres meubles incorporels quelconques appartenant au mineur ou à l'interdit », et l'article 2 soumet la délibération du conseil de famille à l'homologation du tribunal, quand

---

(1) Eug. Durand, op. cit., no 263 ; Perriquet, p. 234.

la valeur des meubles à aliéner dépasse quinze cents francs.

Les dispositions de cette loi s'appliquent évidemment aux offices ministériels, qui sont au premier chef des meubles incorporels ; par conséquent, dit le garde des sceaux, par sa circulaire du 20 mai 1880, « en cas de cession d'un office après le décès du titulaire, si, parmi les héritiers appelés à recevoir le prix, se trouvent des mineurs, on devra s'assurer que le traité a été autorisé par le conseil de famille, et, lorsque la valeur sera supérieure à 1.500 francs, homologué par le tribunal (1) ».

Les formalités édictées par la loi de 1880 sont applicables aux aliénations de meubles incorporels, consenties par des mineurs émancipés au cours de la tutelle. Les mineurs émancipés par le mariage et les mineurs émancipés pendant le mariage de leurs père et mère en sont dispensés (art. 4). Par suite, ces derniers peuvent aliéner leurs meubles incorporels avec la simple assistance de leur curateur.

Comment concilier cette disposition, avec les termes des articles 461 et 484-1° du Code civil qui déclarent que toute succession échue à un mineur émancipé ou non, doit être acceptée sous bénéfice d'inventaire ? En qualité d'héritier bénéficiaire, n'est-il pas obligé de solliciter l'autorisation de la justice pour procéder à cette

---

(1) Circulaire du 20 mai 1880, *Bulletin du minist. de la just.*, année 1880, p. 115.

aliénation ? L'avis du Conseil d'État du 11 janvier 1808
considère en effet l'héritier bénéficiaire comme un administrateur qui ne peut aliéner sans autorisation, et
confirme ainsi les termes de l'article 803 du Code civil.

Malgré des textes aussi probants, la Cour de cassation
persiste à penser que le mineur émancipé par le mariage
peut aliéner, avec la simple assistance du curateur, les
valeurs mobilières qui dépendent d'une succession bénéficiaire (1).

Elle considère « qu'en principe, les lois sur la tutelle
forment un ensemble de garanties qui se suffit à lui-
même, sans qu'on doive les compléter par les règles de
l'acceptation bénéficiaire, et d'autre part, elle estime
que l'avis du Conseil d'État du 11 janvier 1808, définis-
sant l'héritier bénéficiaire un homme chargé d'admi-
nistrer, et l'assimilant à un administrateur comptable »,
n'a eu en vue que le cas où l'acceptation bénéficiaire
s'est manifestée de plein gré, et nullement celui où elle
est imposée par la loi.

Cette doctrine est certainement très pratique : elle
dispense le mineur émancipé par le mariage d'une formalité onéreuse et souvent inutile, et accélère les opérations de la vente sans compromettre gravement les
intérêts du mineur. L'assistance du curateur, à notre
avis, offre des garanties suffisantes pour la sécurité de
l'incapable. Malheureusement le système de la Cour de

_____

(1) Cass., 13 août 1883, Sir., 84, 1, 177 et Dall., 84, 1, 103. — Voir
également Cass., 4 avril 1881, Sir., 1881, 1, 206.

cassation semble démenti par les textes. La distinction qui en est la base a un caractère arbitraire : l'avis du Conseil d'État du 11 janvier 1808, il est vrai, assimile l'héritier bénéficiaire à un administrateur comptable, mais ce texte n'a pas une autorité suffisante pour justifier une modification aussi importante dans la législation. Nulle part, le Code ne distingue entre le bénéfice d'inventaire volontaire et le bénéfice d'inventaire obligatoire. Dans les deux cas, l'héritier bénéficiaire a les mêmes droits et reste tenu des mêmes obligations. Du reste, la nécessité d'accepter une succession sous bénéfice d'inventaire n'enlève pas aux héritiers la qualité d'administrateurs des biens de la succession, la preuve, c'est que les cohéritiers qui, en cas de désaccord sur le parti à prendre, sont tenus d'accepter bénéficiairement, doivent solliciter l'autorisation du tribunal pour procéder à l'aliénation des biens de la succession.

Nous croyons donc que l'héritier mineur émancipé par le mariage ou pendant le mariage de ses pères et mère malgré les termes de la loi du 27 février 1880, doit se faire autoriser par le tribunal pour aliéner les valeurs qui dépendent d'une succession bénéficiaire (1). En matière de cession d'office, la Chancellerie exige cette formalité de toute nécessité pour que ces mineurs puissent conclure le traité de cession.

(1) En ce sens, note de M. Lyon-Caen sous l'arrêt ci-dessus (S. 84, 1, 177). Testoud, *France judiciaire*, 1884, p. 241 et ss.; *Revue critique de législation et de jur.*, 1885, tome XIV, n° 8, p. 220.

En cas de décès d'un officier ministériel marié et sans enfants, la veuve simplement commune en biens a-t-elle capacité suffisante pour figurer au traité de cession ? Après lui avoir dénié ce droit, la Chancellerie admet aujourd'hui que la simple qualité de commune en biens permet à la veuve de participer à l'acte de cession (1).

En cas d'aliénation mentale d'un officier ministériel, si l'interdiction a été prononcée, le tuteur procède à la cession de l'office, en observant les formalités prescrites pour l'aliénation des meubles incorporels appartenant au mineur. La loi du 27 février 1880, en effet, est applicable aux biens mobiliers de l'interdit (art. 1).

Si l'interdiction n'a pas été prononcée, l'administrateur provisoire, nommé conformément à l'article 32 de la loi du 30 juin 1838, a-t-il qualité pour traiter? Une décision de jurisprudence lui a contesté ce droit par ce motif, que « l'administrateur provisoire ne peut faire que des actes d'administration et de conservation (2) ». Cette opinion n'a pas prévalu. En pareil cas, l'administrateur provisoire ne sort pas de son rôle : faute par les représentants du titulaire d'exercer le droit de présentation, il évite les lenteurs inséparables de la nomination directe par le gouvernement, empêche la dispersion de la clientèle par une prompte transmission de l'office, en un mot prévient une dépréciation de la charge. Son action a donc un caractère éminemment

(1) Greffier, *op. cit.*, 4e édit., p. 54.
(2) Metz, 8 décembre 1868, Sir., 69,2,133.

conservatoire. La Chancellerie en a jugé ainsi : elle permet à l'administrateur provisoire, autorisé par le tribunal, de présenter un successeur à l'agrément du Gouvernement (1).

En résumé, en cas d'incapacité du cédant, le Gouvernement ne nomme pas directement le nouveau titulaire : le droit de présentation subsiste, mais est exercé par les personnes et avec les formalités requises par le Code ou les règlements spéciaux sur la matière.

Il ne suffit pas au cédant, d'avoir traité avec son prédécesseur pour exercer le droit de présentation, il doit, en outre, être pleinement investi de ses fonctions, au moment où il dispose de l'office.

Par conséquent, il faut d'abord que le décret de nomination ait été rendu. Jusqu'à l'acceptation et à la reconnaissance du chef de l'État, le cédant n'a pas la qualité d'officier, c'est un simple particulier sans titre pour transférer la charge.

Il faut, de plus, que le cédant ait satisfait aux obligations exigées pour exercer les fonctions, c'est-à-dire qu'il ait versé son cautionnement et qu'il ait prêté serment. Jusqu'à l'accomplissement de ces formalités, le droit de présentation continue d'appartenir au prédécesseur (2).

(1) En ce sens : Lyon, 22 juin 1865, Sir., 66,2,16. — Greffier, p. 54. — Perriquet, *op. cit.*, p. 237, et la majorité des auteurs.
(2) Voir sur ces divers points : Eug. Durand, n° 265 et p. 370, note 1. — Greffier, 4e édit., p. 62. — Perriquet, p. 238. — Dalloz, *Répert.*, v° *Office*, n° 80, p. 119. — Riom, 10 février 1845, Dall., 45,2,190.

Indépendamment de la capacité générale de contracter, nous avons dit que le cessionnaire devait avoir une capacité spéciale pour traiter d'un office. Énumérons rapidement les principales conditions exigées :

1° Le cessionnaire doit avoir au moins vingt-cinq ans. Par exception, les greffiers des Cours impériales doivent avoir vingt-sept ans. Aucune dispense d'âge ne peut être accordée, sauf aux commissaires-priseurs (*Ordonnance du 26 juin* 1816, *art.* 10).

2° Il doit avoir satisfait aux obligations du service militaire.

3° Il doit être de bonnes vie et mœurs, et jouir de ses droits civils, civiques et politiques.

4° Le cessionnaire doit avoir fait un stage régulier et suffisant pour être apte à exercer les fonctions qu'il sollicite.

Pour les notaires, le stage en principe est de six ans.

Il peut être réduit à 4 ans, à 3 ans et même à 1 an dans certains cas prévus par les articles 37, 38, 39 et 41 de la loi du 25 ventôse an XI.

Il est prolongé d'un tiers, quand l'aspirant veut être nommé à une étude d'un degré immédiatement supérieur à celui où il a fait son stage.

Enfin, le Gouvernement peut dispenser de tout stage les personnes qui ont exercé des fonctions administratives ou judiciaires (art. 42, loi du 25 ventôse an XI).

Pour les avoués, le stage est de cinq ans. Ils doivent, en outre, produire un diplôme de bachelier en droit, ou

justifier qu'ils ont suivi les cours de législation criminelle et de procédure civile dans une école de droit.

Le stage des avoués est réduit à trois ans, pour les
licenciés en droit, et à deux ans, pour les docteurs en
droit.

Quant aux huissiers, le stage, en ce qui les concerne,
est de deux ans de travail chez un notaire, un avoué ou
un huissier, et de trois ans, au greffe d'une Cour d'appel
ou d'un tribunal de première instance.

Les greffiers des Cours d'appel doivent être licenciés
en droit et avoir exercé comme avocat ou avoué pendant
deux ans près d'une Cour d'appel.

Les greffiers des tribunaux civils, des tribunaux de
commerce et des justices de paix, ainsi que les commissaires-priseurs, sont soumis aux mêmes conditions que
les huissiers (1).

5° Le cessionnaire doit avoir subi avec succès l'examen de capacité, passé devant la Chambre de discipline
dont il relève. Quant aux officiers ministériels qui n'ont
point de Chambre de discipline, l'administration s'as-
sure de leur capacité et de leur moralité par ses inves-
tigations personnelles.

Est-il nécessaire que le cessionnaire ait pleine capacité au moment du traité? Il peut arriver, en effet, qu'un
aspirant au notariat, par exemple, sur le point d'avoir
l'âge requis et de terminer son stage, traite à l'avance

_____

(1) En ce qui concerne l'obligation du stage, voir Greffier, 4ᵉ édit.,
p. 22 et suiv.

d'un office, et sollicite ensuite sa nomination, quand ces
deux conditions sont réalisées. Que décider dans cette
situation? La majorité des auteurs et certaines décisions de jurisprudence admettent la validité d'une pareille convention (1).

Cependant la Cour d'Orléans a prononcé la nullité
d'un traité conclu dans ces conditions (2). Les motifs
invoqués ne sont pas absolument décisifs. La loi de 1816
est muette sur ce point et aucune loi postérieure n'a
prévu cette hypothèse. L'article 91 se borne à dire que
les officiers ministériels pourront présenter des successeurs, « pourvu qu'ils réunissent les qualités exigées
par les lois ». Mais c'est certainement au jour de la nomination qu'il faut se placer pour apprécier la capacité
du cessionnaire, sans quoi il ne serait jamais possible
au candidat d'être reçu à vingt-cinq ans, les formalités
d'examen du dossier absorbant toujours un certain laps
de temps. Sans doute, cette vente à terme peut présenter parfois des inconvénients, il peut arriver, en effet,
comme le fait observer la Cour d'Orléans, que le titulaire ayant traité n'apporte plus dans l'exercice de ses
fonctions le même « zèle » et la même activité, et que
le cessionnaire, pour éviter le paiement d'un « dédit
énorme » soit amené « à provoquer en quelque sorte

_____

(1) En ce sens : Perriquet, p. 239 ; Eug. Durand, n° 231 ; Dalloz,
Répert., v° Office, n° 160. — Trib. de St-Gaudens, 30 mars 1846, Dall.,
47, 3, 110 ; Besançon, 25 mars 1828, Sir., 28, 2, 273.

(2) Orléans, 25 janvier 1855, Dall., 55, 2, 101.

4

malgré lui sa nomination ». Cependant il ne faut pas exagérer la portée de ces considérations. Jusqu'à la nomination de son successeur, le cédant est intéressé à bien gérer l'étude : l'état des produits pendant les cinq dernières années sert de base à la Chancellerie pour fixer le prix de l'office, une diminution de produits trop sensible entraînerait une réduction de prix correspondante, et d'autre part, le cédant doit tenir compte des risques de mort ou de refus du candidat.

Les motifs invoqués par la Cour d'Orléans pouvaient justifier une annulation de la clause pénale et conduire à une appréciation plus équitable des dommages-intérêts, mais ils ne paraissent pas suffisants pour entraîner l'annulation du traité tout entier.

Nous croyons donc qu'en principe, on ne doit pas considérer comme nulle et illicite la cession d'un office, consentie avant que le cessionnaire jouisse de toute sa capacité.

§ 3. — Objet de la cession.

« L'objet naturel et ordinaire de la cession comprend deux choses : 1° l'office, c'est-à-dire le droit de présentation ; 2° la clientèle, y compris ses accessoires ou éléments matériels, à savoir les dossiers, registres ou papiers intéressant les clients (1) ».

Quant au titre, il ne peut être compris dans le traité

---

(1) Perriquet, *op. cit.*, p. 241.

de cession, il est incessible, c'est le Gouvernement qui le confère et qui peut seul en disposer (1).

En général, la cession d'un office comprend tous les éléments que nous avons énumérés. Parfois, cependant, la clientèle est transmise séparément du droit de présentation. De telles cessions, fréquentes dans l'ancien droit, avaient donné lieu à des abus si graves, qu'un arrêt du Parlement de Paris de 1763 avait défendu aux procureurs, de « disposer de leurs pratiques ou de partie d'icelles, en faveur de quelques personnes, les acquérir séparément du titre desdits offices, le tout sous peine de nullité des contrats (2) ». Aujourd'hui la cession distincte de la clientèle n'a plus lieu que dans des cas rares; encore, elle doit être approuvée par l'autorité supérieure et faite au profit d'un confrère en exercice (3).

Les recouvrements doivent-ils être compris dans la cession de l'office? On entend par recouvrements les créances pour frais et honoraires qui sont dus à l'officier démissionnaire. La jurisprudence de la Chancellerie a varié sur cette question.

L'article 59 de la loi du 25 ventôse an XI porte : « Le titulaire ou ses héritiers et le notaire qui recevra les minutes traiteront de gré à gré *des recouvrements*, à raison des actes dont les honoraires sont encore dus et du bénéfice des expéditions ». Jusqu'en 1843, la Chancelle-

(1) Greffier, 4e édit., p. 61 ; décis. ministérielle, 28 juin 1849.
(2) Merlin, *Répert.*, v⁰ *Procureur ad lites*, XIV ; Perriquet, p. 79.
(3) Req., 4 mai 1859, Dall., 59, 1, 465.

rie permet au cédant de se réserver les recouvrements, à condition de les faire opérer par son successeur. Toute immixtion dans l'étude, pour se faire délivrer des expéditions ou obtenir communication de pièces, est interdite au cédant.

A cette époque, la Chancellerie change de jurisprudence. Elle considère le texte de la loi de ventôse comme ayant un caractère obligatoire et impératif : en conséquence, un état des recouvrements dressé par les parties est joint à l'acte de cession et le traité porte dorénavant que la vente en a été opérée au cessionnaire.

En 1848, devant les réclamations incessantes des grandes compagnies, la Chancellerie revient aux anciens usages. La circulaire du 3 novembre 1848 déclare que « l'expérience a prouvé qu'il y avait des inconvénients à imposer l'acquisition forcée des recouvrements ». Cette circulaire était spéciale aux notaires. Celle du 28 juin 1849, généralisant le principe, l'étend à tous les officiers ministériels, mais prohibe toute clause par laquelle le cédant, « pour faciliter la rentrée des recouvrements, se réserve le droit de s'immiscer dans la gestion de son successeur et de compulser ses minutes (1) ».

On a critiqué non sans quelque apparence de raison ce retour aux anciens usages. Il est certain, en effet, que la réserve des recouvrements peut amener des contes-

(1) Voir le texte de ces deux circulaires dans Dalloz, 49, 3, 62 et 73.

tations et des difficultés. Elle paraît même d'une exécution difficile à cause de la prohibition que nous venons d'énoncer. « Nous nous demandons, dit M. Greffier, comment on pourra mettre la pratique en rapport
avec la théorie, et si, particulièrement pour dresser l'é-
tat des recouvrements, et même pour en poursuivre judiciairement le paiement, il est possible de ne pas compulser les minutes, souvent même de les produire pour
la taxe aux magistrats (1) ».

Cependant il faut reconnaître que la transmission
obligatoire des recouvrements avait aussi de sérieux inconvénients. En élevant le prix de l'office, elle faisait
« obstacle à la concurrence », et d'autre part, elle con-
traignait le nouveau titulaire à exiger le paiement de
frais et d'honoraires parfois exagérés. En tout cas, il lui
était souvent difficile d'en établir la justesse et le bien
fondé, puisqu'il n'avait pas suivi l'affaire et participé à
la rédaction de l'acte.

Quoi qu'il en soit, la cession d'un office n'entraîne pas
nécessairement aujourd'hui la vente des recouvrements,
elle ne comprend que l'office, la clientèle et la suite des
affaires avec lès accessoires de l'étude, papiers, dossiers,
registres, etc... La réserve des recouvrements est donc
valable et n'a rien d'illicite. La loi du 25 ventôse an XI
laisse à cet égard toute liberté aux parties, puisque l'article 59 déclare qu'elles traiteront de gré à gré (2). Seu-

(1) Greffier, 4e édit., p. 64.
(2) Rej. civ., 20 avril 1858, Dall., 58, 1, 197.

lement, elle défend aux notaires de donner communication des actes, « à d'autres qu'aux personnes intéressées en nom direct, héritiers et ayants cause, à peine de dommages-intérêts, etc... » (Art. 23). Par application de ce principe, et conformément à la circulaire du 28 juin 1847 déjà citée, la Chancellerie rejette toute clause par laquelle le cédant impose au cessionnaire l'obligation de lui délivrer gratuitement les expéditions ou grosses des actes dont les frais sont à recouvrer (1).

Faut-il comprendre, parmi les recouvrements, les honoraires des actes, tels que les donations entre époux et les testaments, dont le paiement a lieu après le décès du disposant ? La Cour de Dijon s'est prononcée pour l'affirmative (2). La Chancellerie craignant sans doute que, pour obtenir paiement de ces honoraires, le cédant se livre à des recherches tardives dans les minutes de son successeur, se refuse au contraire à classer ces honoraires éventuels parmi les recouvrements à opérer (Circul. du 1ᵉʳ mars 1890).

Pour éviter, du reste, toute contestation en cette matière, et surtout, pour se rendre compte de l'importance des sommes qui restent dues au cédant, elle exige que le traité de cession soit accompagné d'un état des recouvrements dressé sur quatre colonnes (3). « La première indique l'année à laquelle remontent les dé-

---

(1) Greffier, 4ᵉ édit., p. 65.
(2) Dijon, 24 nov. 1857, Dall., 58, 2, 36.
(3) Circulaire du 19 octobre 1876. Greffier, 4ᵉ édit. Annexes, p. 129.

bets ; la deuxième le nombre *in globo* des actes dont les frais n'ont pas été payés ; la troisième, le chiffre des déboursés et la quatrième, le chiffre des honoraires » (1). Cet état a l'avantage de fixer la Chancellerie sur les habitudes de l'officier démissionnaire et de donner des indications utiles pour la fixation du prix de l'office. De l'importance des recouvrements à opérer, la Chancellerie peut déduire le fonds de roulement nécessaire au cessionnaire, et, quand le chiffre en paraît trop élevé, réduire proportionnellement le prix de l'office (2).

§ 4. — Du prix de cession.

A. *Fixation du prix*. — Le prix peut être fixé par les parties elles-mêmes ou laissé à l'arbitrage d'un tiers, conformément à l'article 1592 du Code civil. Dans ce dernier cas, l'estimation des arbitres doit être faite avant la demande de nomination. Un procès-verbal de la décision des arbitres doit être joint au traité de cession, ou bien le prix fixé par eux, doit être mentionné dans un traité supplémentaire (3).

L'estimation faite par les parties n'est pas définitive, c'est un simple projet sur lequel la Chancellerie statue en dernier ressort. Ce droit de contrôle s'inspire à la fois de l'intérêt du cessionnaire et de motifs d'ordre

---

(1) Greffier, 4e édit., p. 65.
(2) Cass., 7 décembre 1885, Dall., 86, 1, 16.
(3) Greffier, 4e édit., p. 72.

public : l'exagération du prix des charges pousse en
effet les officiers à se créer des ressources en dehors
des produits réguliers de l'office, entraîne à des spécu-
lations dangereuses et amène des ruines nuisibles à
l'intérêt général et à la bonne considération des officiers.
Il convient donc de maintenir une juste proportion
entre les produits de la charge et le prix de l'office.

La nécessité d'une réglementation s'était déjà fait
sentir dans l'ancien droit. Un édit du mois de décembre
1665 fixe un prix maximum pour les offices des Cours
souveraines, et au mois de juillet 1669, un autre édit
le déclare applicable à tous les offices de judicature. La
mesure fut ensuite étendue à tous les offices des ministres de justice (1).

Dans le droit moderne, la question de limitation du
prix des offices a été l'objet des préoccupations cons-
tantes de la Chancellerie. La circulaire du chancelier
Pasquier de 1817 préconisait l'adoption des bases suivantes : « Pour les greffiers, disait-elle, il faut n'admettre comme prix de cession que le montant du cautionnement ou la somme de produits de une ou deux années,
au plus ; pour les autres offices, on pourra prendre une
base un peu plus large ».

En réalité, la circulaire ne fut jamais exécutée et le
prix des offices dépassa de beaucoup les évaluations
qu'on aurait obtenues avec les calculs officiels.

(1) Perriquet, p. 78 ; Merlin, *Répert.*, v° *Office*, II, t. 11.

Jusqu'en 1848, la base adoptée par la Chancellerie était de dix pour cent, c'est-à-dire que le prix stipulé devait représenter au maximum, dix années du produit moyen de l'office.

Cette base, ayant amené des catastrophes causées par l'exagération des prix, fut portée ensuite à 12 0/0, c'est-à-dire que le prix correspondait à un peu plus de huit fois le produit moyen de l'office.

Depuis, la Chancellerie a renoncé à l'emploi de bases fixes qui présentait de graves inconvénients. Les produits d'un office, en effet, sont chose variable. Fréquemment, il arrive qu'un officier ministériel par son activité, sa capacité et ses relations, élève considérablement le chiffre des produits de la charge, mais cette augmentation tient à la personnalité du cédant, et disparaît avec un successeur moins actif et moins bien doué. Dans ce cas, en estimant l'office avec une base fixe, le traité conclu était généralement trop onéreux. Aujourd'hui, la Chancellerie et les magistrats tiennent compte dans leur appréciation des circonstances et des faits de nature à influer sur le prix de cession.

Cependant la Chancellerie admet pour la fixation du prix des bases minimum au-dessous desquelles il n'est pas d'usage de descendre. La circulaire du 1er mars 1890, qui contient les règles les plus récentes sur la matière, porte le taux à 15 0/0, c'est-à-dire que les produits de l'office doivent représenter l'intérêt à 15 0/0 du prix de cession, en prenant pour base du calcul les

produits moyens de l'office pendant les cinq dernières
années (1).

B. *Nature du prix.* — « Le prix convenu doit consis-
ter en une somme d'argent dès à présent déterminée et
non susceptible de modification ultérieure (2) ». Un
autre mode de paiement pourrait engendrer trop de
complications.

Par conséquent, on ne peut pas céder un office moyennant une rente viagère. Dans ces conditions, le prix est
aléatoire et subordonné à la durée de l'existence du
crédi-rentier. Il est donc impossible de savoir si, au moment de la cession, le prix est proportionné aux produits de l'office (3).

On ne peut pas non plus donner un immeuble en
paiement d'un office. Il serait souvent difficile au Gouvernement de se rendre un compte exact de la valeur
de l'immeuble. D'autre part, l'éviction du cédant pourrait donner lieu à de graves difficultés.

Enfin deux offices ne peuvent pas faire à proprement
parler l'objet d'un échange. Chacun d'eux doit être cédé
séparément et par traité distinct.

Cependant en même temps qu'un office, on peut ven-

---

(1) Greffier, 4e édit., p. 67 et suiv.; Perriquet, p. 251. — Dalloz,
Répert., vo *Office*, nos 198 et suiv. — Circulaire du 1er mars 1890,
Bulletin du ministère de la justice, année 1890, p. 70 et suiv.

(2) Circulaire du 1er mars 1890, *Bulletin du minist. de la just.*, année 1890, p. 72.

(3) Circul. min. just., 28 juin 1849, Dall., 49, 3, 62. — Greffier,
4e édit., p. 73.

dre des meubles et des immeubles, tels que meubles meublants, maison et dépendances, mais à condition de faire deux ventes et de stipuler deux prix distincts.

Quand il est reconnu que l'estimation exagérée des objets mobiliers ou immobiliers a eu pour but de cacher une partie du prix de cession, la jurisprudence réduit le prix de l'office et oblige le cédant à la restitution du supplément (1).

C. *Paiement du prix.* — Le cédant peut accorder au cessionnaire tous les délais nécessaires pour se libérer. Il n'y a pas d'autre règle à cet égard que la volonté des contractants.

On peut de même insérer dans le traité que le prix non payé produira ou ne produira pas d'intérêts. L'intérêt maximum est de cinq pour cent.

La Chancellerie laisse pleine liberté aux parties pour toutes ces stipulations. Au contraire, elle prohibe d'une façon générale toutes les clauses de nature à porter atteinte aux droits des créanciers du cédant.

En vertu de ce principe, on ne peut pas stipuler dans le traité que le prix sera payé comptant. Le prix doit être déclaré payable au plus tôt le jour de la prestation de serment (2).

Cette prohibition s'explique par d'excellents motifs : la cession est un acte occulte, la loi n'impose aux par-

---

(1) Amiens, 11 décembre 1889, Defrénois, *Répertoire général pratique du notariat*, année 1890, n° 5716 ; Tribunal Seine, 23 février 1889, Defrénois, *Répert.*, année 1889, n° 5185.

(2) Voyez Greffier (*Cessions*), 4ᵉ édit., p. 74.

ties aucune formalité de publicité, et le décret de nomination du cessionnaire peut seul révéler aux tiers l'existence du traité. Si le nouveau titulaire pouvait se libérer de suite, le cédant malhonnête pourrait léser ses
créanciers. Jusqu'à la prestation de serment, ils ont
au contraire un délai suffisant pour faire, entre les
mains du cessionnaire, des oppositions et des saisies-
arrêts propres à sauvegarder leurs intérêts.

Jusqu'en 1843, la clause payé comptant était tolérée
cependant dans le traité, quand le cédant présentait
des garanties de fortune, suffisantes pour indemniser
des créanciers éventuels. Aujourd'hui, elle est proscrite
d'une façon absolue.

Cependant, si le cessionnaire avait versé tout ou partie de son prix avant la prestation de serment, quelle
serait la valeur de ce paiement anticipé au regard des
créanciers du cédant? A l'origine, ce paiement était reconnu opposable aux créanciers. Cette libération anti-
cipée, disait la jurisprudence, n'a rien de contraire à
l'ordre public, c'est une simple dérogation à un intérêt privé. Le cessionnaire, en agissant ainsi, renonce
purement et simplement au bénéfice du terme stipulé
en sa faveur, il use d'un droit qui lui appartient. Pourvu
qu'il n'y ait pas fraude de sa part, le paiement fait,
même avant le décret de nomination, est opposable à
tous : le cessionnaire en effet est acquéreur sous la condition suspensive d'être agréé par le Gouvernement et
de prêter serment ; par suite, le décret de nomination

et la prestation de serment rétroagissent au jour de l'acquisition de l'office et valident le paiement fait dans cet intervalle (1).

Cette jurisprudence n'a point prévalu : aujourd'hui toutes les clauses dérogatoires au traité ostensible sont annulées comme contre-lettres, quand bien même elles se rapporteraient à l'intérêt privé des tiers. Par conséquent, tout paiement anticipé est nul, et, jusqu'à la prestation de serment, les créanciers peuvent faire avec succès des oppositions et des saisies-arrêts sur le prix. Le cessionnaire est tenu de repayer aux créanciers les sommes versées au cédant avant les délais légaux (2). Ceux-ci ont le droit de demander la consignation du prix total, préliminaire d'une distribution par contribution, et peuvent refuser l'offre de dommages-intérêts, en réparation du préjudice causé par le paiement anticipé (Civ. Rej., 19 novembre 1884, D. 85, 1, 437).

Le refus de payer à compte sur le prix une somme promise par anticipation ne peut pas servir de base à une demande en dommages-intérêts, même quand la promesse et le refus émanent d'un tiers bailleur de fonds du concessionnaire (Cass., 8 mars 1887, Dall., 87, 1, 499).

Quel est le caractère de la nullité qui frappe les paie-

_____

(1) En ce sens : Toulouse, 12 décembre 1845, Dall., 46, 2, 46 ; Cass. Rej., 8 novembre 1842, Sir., 42, 1, 929 ; Aix, 12 mars 1861, Sir., 61, 2, 193.

(2) Cass., 22 février 1853, D. 53, 1, 41 ; 2 mars 1864, Sir., 64, 1, 161 ; Civ. Rej., 5 août 1885, Dall., 86, 1, 167.

ments anticipés? Nous pensons que c'est une nullité purement relative, et par suite que les tiers seuls peuvent l'invoquer. Entre les parties, le paiement doit être réputé valable. Le cédant devra donc imputer toutes les sommes reçues par anticipation sur le prix de l'office, et ne pourra pas se prévaloir de la nullité pour obtenir un paiement intégral. Cette solution est conforme au principe que nul ne doit s'enrichir aux dépens d'autrui, et aussi à l'esprit qui a dicté cette nullité ; on a voulu en effet protéger les droits des créanciers contre des manœuvres frauduleuses et empêcher en même temps les exagérations de prix de cession. Pour atteindre ce double but, il faut et il suffit que le paiement anticipé soit nul au regard des créanciers, mais valable au regard du cédant (1).

La jurisprudence que nous venons d'exposer ayant pour objet principal de sauvegarder les droits des créanciers, il semble que tous les actes de nature à y porter atteinte devraient être rigoureusement prohibés. Cependant il est admis que le transport du prix de cession, consenti par le cédant à un tiers même avant la nomination de son successeur, est valable, pourvu qu'il n'y ait pas fraude (2). Cette jurisprudence est particu-

(1) Voy. Emile Moreau, note dans Sirey sous l'arrêt de Cass. du 2 mars 1864 précité.

(2) Cass., 15 janvier 1845, Dall., 45, 1, 93 ; Toulouse, 12 décembre 1845, Dall., 46, 2, 46 ; Paris, 11 janvier 1851, Dall., 51, 2, 64 ; Cass., 21 juin 1864, Dall., 64, 1, 385 ; Orléans, 5 mars 1887, Dall., 87, 2, 195 ; Bourges, 18 novembre 1890, Dall., 92, 2, 21 ; Trib. d'Arras, 23 juillet 1890, D. 92, 2, 252.

lièrement dangereuse pour le privilège du cédant qui disparaît par l'effet du transport.

La Chancellerie, ne voulant pas « se faire juge de questions de droit aussi délicates » et désireuse d'observer en cette matière une stricte neutralité, écarte du traité officiel les conventions passées avec des tiers relativement au prix de cession. Le transport doit donc avoir lieu par acte distinct (1).

La jurisprudence actuelle peut avoir des conséquences nuisibles pour les intérêts des créanciers ; cependant en droit, elle paraît fondée : la créance du cédant, il est vrai, est conditionnelle, elle n'existe qu'autant que le cessionnaire est agréé par le gouvernement et poursuit son installation dans les délais fixés, mais la réalisation de ces deux conditions rétroagit au jour de l'acquisition et valide les paiements faits dans cet intervalle.

Le transport de créance est valable, même quand le traité produit avant le transport, doit subir des modifications imposées par la Chancellerie. Il n'y a pas à proprement parler ici un deuxième traité, mais un simple remaniement fait au premier. C'est à la date de ce premier traité que remonte l'acquisition. Ainsi, en cas de réduction par la Chancellerie du prix de cession, le transport n'est pas nul, il subit simplement les modifications que comporte la réduction imposée (Req., 11 décembre 1855, Dall., 55, 1, 464). Il en serait autre-

(1) Greffier, 4ᵉ édit., p. 76.

ment évidemment, si la Chancellerie déclarait formellement rejeter tout entier le premier acte de cession et
obligeait les parties à traiter sur de nouvelles bases (1).

Le transport ne peut pas avoir pour objet le prix éven-
tuel d'une cession d'office non encore réalisée. Comme
à ce moment il n'y a pas encore de débiteur, il est impossible de remplir les formalités de signification ou
d'acceptation, requises par l'article 1690 du Code civil.
D'autre part, un office n'est pas un objet dans le commerce et ne peut pas faire à l'avance la matière d'une
stipulation. « Tant que l'office, dit la Cour de Caen, n'a
pas été, par un acte, converti en argent, il n'y a rien qui
puisse faire la matière d'un contrat valable ; et comme
le traité qui intervient ultérieurement avec le cessionnaire de l'office n'a jamais pu, par l'effet rétroactif de
l'approbation du Gouvernement, mettre une valeur disponible dans les mains du premier titulaire qu'à la date
même de ce traité, il ne peut valider un transport antérieur qui au moment où il a lieu manquait d'objet (2) ».
La Cour estime même qu'un pareil contrat est frappé
d'une nullité d'ordre public, parce qu'il tend en effet à
priver les créanciers, sans qu'ils puissent s'y opposer,
de la valeur de l'office qui est leur garantie légitime.

Cependant la Cour de Toulouse dans un cas semblable
s'est prononcée en faveur de la validité du transport.

---

(1) Perriquet, p. 487 ; Dalloz, *Répert.*, v° *Office*, n° 281.
(2) Caen, 27 septembre 1858, Sir., 59, 2, 283 ; Toulouse, 2 janvier
1866, Sir., 67, 2, 88. — Aubry et Rau, § 359, note 3.

Cette jurisprudence semble même avoir eu l'approbation de la Cour suprême, puisqu'elle a rejeté le pourvoi formé contre cet arrêt. « Quoi qu'il en soit, dit M. Perriquet, on ne peut nier que la doctrine de l'arrêt de Toulouse n'ait pour base nécessaire la distinction entre l'office et la finance, proscrite par la jurisprudence actuelle (1) ». La doctrine de la nullité des transports consentis avant la cession, outre qu'elle sauvegarde les intérêts des créanciers, nous paraît donc mieux en harmonie avec la nature des offices modernes.

Un officier ministériel peut cependant autoriser son créancier à recevoir le montant de sa dette, des mains de son successeur futur et par imputation sur le prix de l'office. « Il n'y a pas là à proprement parler transport de créance, mais simplement mandat de toucher le prix au lieu et place du cédant.

Le cessionnaire qui revend l'office et transporte une partie du prix à un tiers, avant d'avoir entièrement désintéressé le précédent vendeur, n'est cependant pas déchu du bénéfice du terme qui lui avait été accordé pour se libérer (2). Cette déchéance, aux termes de l'article 1188 du Code civil, ne frappe que le débiteur qui a diminué les sûretés qu'il avait données par contrat à son créancier. Le transport de créance consenti par le ces-

---

(1) Voy. Perriquet, p. 488 ; Toulouse, 2 décembre 1847 et Cass. rej., 16 janvier 1849, Dall., 49, 1, 35. — Est valable cependant la cession d'un office consentie antérieurement au décret qui le supprime. Voy. Grenoble, 11 mars 1870, Dall., 72, 5, 336.

(2) Bourges, 18 novembre 1890, Dall., 92, 2, 21.

sionnaire paralyse, il est vrai, l'exercice du privilège à
concurrence de la somme transportée, mais le précédent
vendeur tient cette sûreté de la loi et non du contrat de
cession. L'article 1188 du Code civil est donc inapplicable. Il en serait autrement évidemment si le cessionnaire diminuait les garanties spéciales qu'il avait données pour sûreté du prix de cession.

On ne peut pas stipuler dans le traité de cession que le
prix se compensera avec pareille somme due au cessionnaire par le cédant (Décis. minist., 9 mai 1842). Les
parties en effet pourraient se concerter frauduleusement
pour léser les créanciers du cédant.

Le prix ne peut pas être nové par des billets ou stipulé payable en effets négociables. Les intérêts des
créanciers et spécialement le privilège du cédant pourraient être compromis.

Le prix ne peut pas être délégué en tout ou en partie
à l'un des créanciers du cédant. Il serait injuste, qu'un
créancier mieux informé ou plus favorisé, puisse se faire
consentir des avantages au détriment des autres. Jusqu'à la prestation de serment, le prix doit rester libre
entre les mains du cessionnaire, afin que tous les créanciers puissent exercer leurs droits. Il y a exception à
cette règle, nous venons de le voir, en cas de transport
de créance.

La Chancellerie n'admet même pas la délégation consentie par le cédant au profit d'un précédent vendeur.
Elle ne veut pas paraître s'immiscer dans les questions

délicates que soulève le privilège sur le prix de cession.
Cependant la délégation est tolérée dans un cas : quand
le cédant charge le cessionnaire de payer, en son acquit,
l'indemnité mise à sa charge à la suite de la suppression
d'un office dans la circonscription.

Enfin on ne peut pas stipuler que les intérêts du prix
courront avant la prestation de serment, date normale
de l'entrée en jouissance.

§ 5. — **Diverses clauses prohibées**.

Nous venons de voir que la Chancellerie n'admet pas
dans le traité les clauses préjudiciables aux tiers, elle
repousse également toutes celles qui paraissent opposées aux lois, contraires au droit de surveillance du
gouvernement ou à l'exercice régulier des fonctions ou
qui semblent inutiles. Nous allons rapidement énumérer les principales.

Clauses contraires aux lois. — On ne peut pas stipuler dans le traité que la jouissance du cessionnaire com-
mencera avant la prestation de serment. Le cessionnaire
ne peut exercer la fonction qu'après l'entier accomplissement des formalités qui lui sont imposées, et la prestation de serment est l'une des plus importantes.

Le traité ne doit pas porter que le cessionnaire, même
s'il n'est pas nommé, pourra disposer de l'office.

Le droit de présentation n'appartient qu'au titulaire,
à ses héritiers et ayants cause.

Le cédant ne peut se réserver par traité la délivrance gratuite des grosses et expéditions et la communication des actes nécessaires pour opérer ses recouvrements. La loi du 25 ventôse an XI prohibe cette stipulation.

Il ne peut pas non plus stipuler que le cessionnaire, si c'est un huissier, fera gratuitement toutes les poursuites nécessaires contre les débiteurs du cédant.

Les parties ne peuvent convenir, qu'en cas de difficultés, les questions litigieuses seront réglées par voie de transaction, de compromis, ou soumises à l'arbitrage d'un tiers. Pareille clause pourrait faciliter les fraudes.

Enfin toutes les clauses qui tendent à la résolution du contrat pour inexécution des conditions, ou à la rétrocession de l'office en cas d'événements déterminés, sont formellement prohibées.

Clauses contraires au droit de surveillance et de contrôle du Gouvernement ou à l'exercice régulier des fonctions. — On ne peut pas stipuler que le cédant s'interdit d'une façon absolue à l'avenir l'exercice des fonctions cédées. Cette clause est contraire au principe de la liberté du travail.

N'est pas admise également la clause portant qu'en cas de revente, le cessionnaire devra partager le bénéfice avec le cédant, ou que le cessionnaire ne pourra revendre, ou tout au moins toucher son prix, sans s'être libéré envers le cédant.

On ne peut pas non plus convenir qu'en cas de suppression de l'office ou de diminution des produits, le prix de cession subira une réduction proportionnelle.

Clauses inutiles. — L'administration écarte du traité toutes les clauses vagues et sans intérêt : ainsi, le cédant ne peut pas se réserver un privilège sur le prix de revente. Les privilèges dérivent de la loi et non des conventions.

L'énumération des clauses prohibées que nous venons de faire n'est pas limitative. Ce ne sont à proprement parler que des exemples. Dans tous les cas semblables, la Chancellerie a pleine liberté pour rejeter les clauses qui lui paraissent contraires aux intérêts supérieurs dont elle a la garde. Son pouvoir à cet égard est même plus étendu que celui de la jurisprudence, laquelle ne peut annuler que les dispositions réellement illégales.

En principe, lorsqu'un traité de cession contient des dispositions prohibées, il devrait être annulé et refait tout entier. Des décisions ministérielles l'ont parfois exigé. Cependant, en règle générale, les parties se contentent de présenter à la Chancellerie un traité supplémentaire rectificatif qui est considéré comme suffisant.

Quand le cédant est un incapable, il n'est pas nécessaire de solliciter une deuxième fois l'avis du conseil de famille et l'autorisation du tribunal (1).

---

(1) Voyez l'énumération de ces clauses avec les dates des décisions ministérielles dans Perriquet, p. 309 et Greffier, p. 81 et suiv.

CHAPITRE III

DES CONTRE-LETTRES.

§ 1. — Nullité des contre-lettres.

Pour satisfaire aux exigences de l'administration et
rester libres en même temps de leurs stipulations, les
parties ont fréquemment recours à la fraude. Elles ré-
digent deux traités : l'un est soumis à l'approbation de
la Chancellerie ; l'autre, destiné à demeurer secret, mo-
difie les conditions du premier, exprime réellement la
volonté des contractants et reste seul exécutoire. Ce
traité occulte constitue une contre-lettre. Il a généralement trait à une élévation du prix de la cession au-des-
sus des tarifs officiels ; parfois aussi, il tend à introduire
dans le contrat une clause prohibée par la Chancellerie.

Pour s'assurer de la sincérité du traité, notamment
en ce qui concerne le prix de cession, le Gouvernement
exigeait avant 1830 que les officiers ministériels avant
de rentrer en fonction prêtassent serment que le prix
porté au traité officiel était bien le prix véritable. Cette
mesure, outre qu'elle était peu efficace, avait de graves
inconvénients et soulevait de justes critiques. Fréquemment les officiers ministériels, soit par des vœux, soit

par des pétitions adressées au parlement, en avaient demandé la suppression. La commission nommée en 1838 par le ministre de la justice pour étudier les questions se rattachant à la création et à la transmission des offices ministériels, se montra presqu'à l'unanimité favorable à cette demande : « Le serment, disait-elle, est une mesure grave qu'un ministre n'a point le droit de prescrire, et que la loi seule peut imposer. Les procureurs du roi et les procureurs généraux n'ont aucune qualité pour recevoir un pareil serment, ou pour donner à sa constatation un caractère d'authenticité. Appliqué aux officiers ministériels, il a plus d'un inconvénient : on les place entre leur intérêt privé et leur conscience, et on risque ainsi, soit de nécessiter des poursuites toujours fâcheuses, soit de placer, dès l'abord de leur carrière toute d'honneur et de probité, ceux qui demandent à y entrer, sous une suspicion qui ne serait pas de nature à leur donner des droits à l'estime et à la confiance de leurs concitoyens » (1).

Ces justes considérations ont produit leurs fruits, la Chancellerie a renoncé depuis cette époque à l'usage du serment comme moyen préventif contre les dissimulations de prix. Cependant cette mesure n'a pas été complètement abolie. Le ministère public dans des cas graves peut encore exiger le serment. « Cette mesure, ajoute M. Greffier, peut épargner aux candidats engagés

(1) Voyez Rapport de M. Carl, Dall., *Répert. de jurisp.*, vo *Office*, no 55, note 1.

dans une voie fâcheuse de dissimulation et de fraude, d'amers regrets dans l'avenir » (1).

C'est encore trop présumer, croyons-nous, de l'effi-cacité de ce moyen. Il fut sous l'ancien droit impuis-sant à entraver le développement de la vénalité. Jadis les juges juraient qu'ils n'avaient rien « *baillé ny promis* », soit par eux-mêmes, soit par personnes interposées ou de toute autre manière pour obtenir leurs fonctions. En fait, ils avaient tous acquis leur office à beaux deniers comptants. La prestation de serment sur ce point avait dégénéré en mensonge. Aussi on le supprima en 1597, car « c'était une honte, ajoute Loyseau, que les juges de France entrassent en leur office par un parjure so-lennel et qu'en l'acte de leur réception, ils commissent une fausseté publique (2) ».

Aujourd'hui, malgré les prohibitions de la Chancel-lerie, malgré les conséquences rigoureuses qu'elles en-traînent, les contre-lettres sont d'un usage général. Le plus souvent, elles restent ensevelies dans le mystère qui a présidé à leur naissance, fréquemment aussi, sur la réclamation de l'une des parties, elles font l'objet d'un débat judiciaire. Les recueils *de jurisprudence* sont pleins en effet de décisions statuant sur des cas de ce genre. C'est une matière extrêmement pratique. Il n'est donc pas sans intérêt d'examiner quelle est la valeur de ces contre-lettres? La question a reçu des solutions di-verses selon les époques.

(1) Greffier, 4e édit., p. 59.
(2) Loyseau, *Des offices*, liv. 1, chap. 4, n° 89.

Jusque vers 1840, on a soutenu avec succès la doctrine de la validité des contre-lettres, en s'appuyant sur
l'absence de toute loi nettement prohibitive. La loi de
1816, disait-on, a donné aux officiers ministériels la
faculté de présenter des successeurs, pourvu que ces
successeurs réunissent les qualités exigées par les lois.
Cette disposition vise simplement les conditions d'apti-
tude et d'idonéité du candidat, elle laisse intacte la
liberté de stipulation des parties. Le Gouvernement a
tout pouvoir pour apprécier la capacité du sujet présenté, mais son droit de contrôle ne va pas jusqu'à la
connaissance obligatoire de toutes les clauses de la
cession. Les parties peuvent conclure, en dehors des
clauses du traité ostensible, telles conventions qu'elles
jugent utiles, ces conventions sont valables. Seulement,
conformément à l'article 1321 du Code civil, ces contre-
lettres n'ont d'effet qu'entre les parties contractantes,
elles sont sans effet contre les tiers. Il est naturel d'interpréter ainsi le silence du législateur : Au moment du
vote de l'article 91, depuis treize ans l'article 1321 était
voté, depuis plus de treize ans aussi, les offices malgré
l'abolition de la vénalité se transmettaient à prix d'argent par le moyen de traités occultes, véritables contre-
lettres. Le Gouvernement n'ignorait certes pas cette
situation : en n'interdisant pas pour l'avenir les contre-
lettres, en ne prenant contre les traités secrets aucune
disposition spéciale, le législateur a virtuellement démontré qu'il entendait se référer au droit commun.

Dans le silence de la loi moderne, on ne peut même pas invoquer contre cette doctrine des textes de l'ancien droit. Sans doute le prix des offices ne devait pas dépasser les limites fixées par les édits de 1665 et de 1669 que nous avons déjà cités, et plus tard par celui de 1714, sans doute aussi, les contre-lettres étaient prohibées par ces mêmes édits et arrêts. Mais ces mesures étaient surtout applicables aux offices des Cours souveraines et de judicature. Quant aux offices des ministres de justice appelés aujourd'hui offices ministériels, on distinguait le titre et la pratique, le titre était vendu séparément de la pratique et pour un prix qui ne devait jamais dépasser l'évaluation portée aux rôles de la Chancellerie. La cession de la pratique au contraire avait lieu moyennant un prix fixé, selon la coutume, par deux anciens procureurs, c'était donc une valeur qui échappait à toute tarification légale. Plus tard vers la fin du XVIIIe siècle, il est vrai, les cessions distinctes du titre et de la pratique furent interdites à cause des abus auxquels elles avaient donné lieu. Mais il est très vraisemblable que l'arrêt du Parlement qui les interdit, aussi bien que les mesures prises contre les dissimulations de prix et les contre-lettres, ne furent jamais exécutées. En somme, dit-on, l'ancien droit ne fournit aucun argument concluant contre la validité des contre-lettres.

A l'appui de cette doctrine, on invoque encore des arrêts de cassation et divers actes législatifs. Dans les

premières années qui suivirent la loi de 1816, la Cour
de cassation a rendu en effet divers arrêts qui n'ont pas
pour objet, il est vrai, des contre-lettres, mais qui semblent admettre le principe de la liberté des conventions,
en matière de cession d'office. Un arrêt du 20 juin 1820
déclare que l'article 91, ayant accordé la faculté de présentation aux officiers ministériels « comme un dédommagement du supplément de cautionnement exigé
d'eux....., cette disposition autorise les arrangements ou
conventions nécessaires pour l'exercice de cette faculté ».
Un autre arrêt du 13 novembre 1823 estime « que le
traité qui fixe les conditions de la démission appartient
au droit civil et que, sous ce rapport, la connaissance des
difficultés auxquelles le traité peut donner lieu est du
ressort des tribunaux civils ». Enfin un troisième du
8 février 1826 juge « que la loi de 1816... n'assujettit
ces présentations à aucune forme déterminée et qu'elle
n'attache leur efficacité qu'à une seule condition, celle
de l'idonéité du candidat (1) ».

D'autre part, la circulaire du garde des sceaux du
5 février 1840, à l'instar de celle du 21 février 1817,
s'exprime en des termes qui semblent reconnaître aux
contre-lettres une existence légale : « Il faut veiller avec
soin, dit le ministre, sur les traités de cette nature et
sur les conditions patentes et occultes ».

(1) Voyez Cass. req., 20 juin 1820, Sir., 21, 1, 43 ; Cass. req., 13 novembre 1823, Dall., *Rép.*, v° *Office*, n° 84 ; Cass. req., 8 février 1826,
Sir., 1826, 1, 358.

Enfin la loi du 25 juin 1841, relative aux droits d'enregistrement afférents aux cessions d'office, confirme cette
opinion ; l'article 11 de ladite loi frappe les contre-lettres d'un triple droit d'enregistrement. Or, dit-on, un
acte nul et inexistant ne peut engendrer aucun effet
juridique ou fiscal ; si on le frappe d'une amende, c'est
qu'on admet implicitement qu'il est valable (1).

La jurisprudence s'était d'abord montrée favorable à
cette doctrine, un arrêt de la Cour de Grenoble notamment, s'était nettement prononcé en faveur de la validité
des contre-lettres : « Attendu, disait cet arrêt, que la
loi de finances du 28 avril 1816, en autorisant les titulaires d'office à présenter leurs successeurs à l'agrément
du roi, les a autorisés implicitement à vendre ces offices
comme indemnité du supplément de cautionnement
que cette loi leur imposait ; attendu qu'aucune loi ne
fixe le taux auquel les offices peuvent être vendus ; que,
si bien des circulaires administratives enjoignent aux
magistrats du parquet de surveiller les marchés de cette
nature, pour que le prix de ces offices ne soit pas porté
à un taux trop élevé, ces circulaires ne peuvent, ainsi
que l'a décidé la Cour de cassation, être considérées
que comme instructives et nullement comme prohibi-
tives...

« Attendu que si, indépendamment du prix porté dans
les conventions destinées à être mises sous les yeux de

(1) Voy. l'exposé de cette doctrine dans Dalloz, *Répert.*, v° *Office*,
n⁰ˢ 212 et suiv.

l'autorité, X... a consenti un billet à ordre de 1.800 fr.
payable dans un terme peu éloigné, il ne peut se prévaloir de cette occultation pour faire retrancher cette
somme du prix convenu, alors qu'il avoue que cette
somme devait être payée en sus, et que lors du paiement
qu'il en a fait, il n'a point élevé la prétention qu'il élève
aujourd'hui ; que s'il y a fraude, il y a concouru et ne
peut l'alléguer aujourd'hui et s'en faire une arme contre
son vendeur : *Nemo auditur propriam turpitudinem alle-
gans* (1) ».

Telle était la première jurisprudence en matière de
contre-lettres. Mais vers 1840, la déconfiture de plusieurs officiers ministériels inquiéta l'opinion, les pouvoirs publics montrèrent des dispositions moins favorables à l'égard des officiers et les tribunaux redoublèrent
de sévérité dans l'appréciation des clauses du traité. La
ruine des officiers ministériels ayant souvent pour origine l'exagération des prix de cession, les contre-lettres
furent déclarées nulles comme contraires à l'ordre public. La jurisprudence depuis cette époque ne s'est pas
démentie, elle est unanime aujourd'hui à considérer les
contre-lettres comme nulles et inexistantes.

Cette jurisprudence fait une juste application des
principes. Les offices constituent en effet une propriété
d'une nature spéciale, dont la transmission régulière et
la gestion honnête intéressent l'ordre social. La probité

(1) Grenoble, 16 décembre 1837, Sir., 38, 2, 489. V. aussi Orléans, 15 mai 1825, Dalloz, *Anc. répert.*, t. 12, p. 860 ; Toulouse,
22 février 1840, Sir., 40, 2, 126.

et la capacité du titulaire est une première condition de
bonne gestion, la modération du prix de cession en est
une deuxième. Il faut en effet que le titulaire trouve
dans les produits réguliers de l'office une juste rémunération de ses peines et des moyens d'existence suffisants.
Le Gouvernement doit veiller à ce que le candidat à son
entrée en fonctions ne contracte pas des obligations dis-
proportionnées avec les revenus de l'office, obligations
qui l'amènent plus tard à s'écarter des règles de la droiture et de l'honnêteté. Il eût mieux valu sans doute
qu'une loi claire et précise définisse exactement les prérogatives de l'autorité sur les offices. Mais en l'absence
d'une loi spéciale, le texte de l'article 91 suffit pour proclamer la nullité des contre-lettres : le titulaire ne réu-
nit les qualités exigées par les lois, n'est réellement
idoine à être officier, qu'autant qu'il débute dans ses
fonctions avec des charges qui lui permettent de vivre
sans déroger à ses devoirs. Dans l'ancien droit, du reste,
le roi avait un droit de contrôle sur les traités. Il en
usait rarement, il est vrai, mais le défaut d'exercice ne
prouve rien contre l'existence du droit. La loi de 1816
n'ayant pas rétabli l'ancienne vénalité, il serait peu logique de croire que les officiers ministériels jouissent
aujourd'hui de prérogatives plus étendues qu'autrefois,
et qu'ils ont notamment l'entière liberté de stipulation
dans les traités. A défaut de texte précis, l'esprit de la
loi conduit donc à admettre la solution que nous avons
indiquée (1).

(1) Perriquet, *op. cit.*, n⁰ˢ 77 et 280; Dalloz, *Répert.*, v⁰ *Offices*, n° 215.

§ 2. — Quelles contre-lettres sont frappées de nullité.

On peut aujourd'hui poser comme principe général, que toutes les clauses qui dérogent au traité ostensible sous un rapport quelconque, constituent des contre-lettres et sont frappées de nullité. La jurisprudence en effet a étendu l'application du principe à toutes les stipulations occultes.

Sont nulles d'abord toutes les contre-lettres relatives au prix, soit qu'elles l'augmentent, ce qui est le cas le plus ordinaire, soit qu'elles le diminuent, soit qu'elles le rétablissent à sa juste valeur.

La jurisprudence ne s'est fixée en ce sens qu'après une série de décisions plus ou moins contradictoires. Les premiers arrêts statuent généralement sur des contre-lettres qui augmentent le prix de l'office. Pour justifier cette nullité, ils invoquent la nécessité « d'arrêter l'exagération du prix des charges », dangereuse pour l'ordre public (1). Ce caractère de la contre-lettre leur semble obligatoire, pour qu'ils prononcent la nullité. C'est dans ce cas, en effet, que l'intérêt social paraît le plus engagé. Selon ce principe, toute stipulation occulte tendant à élever le prix de cession est nulle, sous quelque apparence qu'elle se déguise : ainsi, la Cour de Nancy a prononcé la nullité d'un traité secret portant vente par le cédant au cessionnaire de l'office et de sa

_____

(1) Cass. req., 7 juillet 1841, Sir., 41,1,572 ; Cass. civ., 30 juillet 1844, Sir., 44,1,582 ; Cass. req., 1er août 1844, Sir., 44,1,587.

maison, moyennant un prix unique et sans ventilation de 70.000. Il y avait là une véritable contre-lettre cachée sous l'apparence d'un contrat à titre onéreux, et en même temps, exagération de prix, puisque toute réduction imposée par la Chancellerie sur le chiffre de l'office, allait se traduire par une augmentation correspondante du prix de la maison. Le droit du Gouvernement était en quelque sorte « paralysé » (1).

Est nulle aussi la contre-lettre qui, sous prétexte de rémunérer le travail du cédant, déguise une véritable participation aux bénéfices (2).

Il y a également nullité de la contre-lettre qui contient des engagements réciproques des deux parties, quand ces engagements se rattachent au traité ostensible et ont pu avoir une influence sur le prix de cession. Ainsi, par contre-lettre, un cédant s'était engagé à laisser aux mains du cessionnaire jusqu'à une époque déterminée des capitaux dans l'office, il avait promis également, dans l'intérêt du fils du cessionnaire, de s'abstenir pendant trois ans à dater de la cession, de monter une maison de banque dans la ville où était située l'étude. Comme compensation à ces engagements, il était stipulé que le cédant aurait droit à la moitié des produits bruts de la charge pendant une année, et que le cessionnaire lui verserait en outre une somme de 50.000 francs, pour

(1) Nancy, 12 mai 1864, Dall., 64,2,176. — Perriquet, p. 275.
(2) Paris, 3 juin 1843, Sir., 43, 2, 259 ; Douai, 23 avril 1850, Dall., 54, 5, 323.

prix de son abstention de monter une maison de banque.

La Cour de Limoges, jugeant sur renvoi de la Cour de cassation, a déclaré nulles toutes les clauses de la contre-lettre : elle a considéré d'abord la participation du cédant aux produits de l'office comme une aggravation et une dissimulation du prix. Quant aux autres stipulations, elle a jugé avec raison que ces engagements constituaient des conditions essentielles et déterminantes de la cession et, qu'ayant exercé une influence sur la fixation du prix de l'office, ils auraient dû figurer au traité ostensible (1).

Mais quand la contre-lettre, tout en dérogeant à l'acte officiel, ne se traduit pas par une exagération du prix de cession, est-elle valable ? La jurisprudence s'était d'abord prononcée pour l'affirmative. Ainsi, il a été jugé que la contre-lettre portant, qu'en cas de perte d'une portion déterminée de la clientèle, le prix de cession subirait une réduction correspondante, n'a rien de contraire à l'ordre public (2). Jugé de même qu'une contre-lettre dissimulant une portion du prix est valable, quand le prix secret ajouté au prix ostensible, ne dépasse pas la valeur réelle de l'office (3). Cette jurisprudence n'a pas prévalu. La Cour de cassation, dont les premiers

(1) Cass. civ., 24 juillet 1855, D. 55, 1, 331, et sur renvoi, Limoges, 10 décembre 1856, Dall., 57, 2, 136.
(2) Paris, 11 décembre 1849, Dall., 50, 2, 114.
(3) Bourges, 5 janvier 1850, Dall., 52, 2, 38.

arrêts semblaient favorables à cette opinion, a définitivement adopté une solution contraire. Dans un arrêt
du 7 janvier 1846, elle a posé en principe « que les tribu-
» naux ne peuvent, sans méconnaître leur compétence
» et sans excès de pouvoir, valider le paiement d'une
» contre-lettre relative à la transmission d'un office, en
» faisant eux-mêmes l'évaluation de ses produits, et en
» déclarant que le prix du traité ostensible et de la contre-
» lettre ne représentent que la vraie valeur de cet of-
» fice ; que de cette manière, en effet, ils se substituent
» à l'administration et accueillent un prix qu'elle n'eût
» peut-être pas approuvé, s'il eût été stipulé dans
» l'acte qui lui a été présenté (1) ».

Ainsi toute contre-lettre qui tend à modifier le prix
de cession d'une manière quelconque est frappé de nullité.

Doit-on appliquer la même règle aux contre-lettres
qui portent sur des clauses accessoires du contrat? En
premier lieu, la jurisprudence distinguait parmi ces
contre-lettres, celles qui touchent à l'ordre public et
celles qui concernent seulement des intérêts privés. Les
premières étaient nulles, les deuxièmes valables.

Cette distinction a été fréquemment appliquée à l'origine en matière de recouvrements. Plusieurs arrêts notamment ont déclaré nulle la contre-lettre qui a pour
objet de rétrocéder au cédant, sans diminution du prix

---

(1) Cass. civ., 7 janvier 1846, Dall., 46, 1, 14 ; voy. aussi Dijon,
20 février 1845, Dall., 45, 5, 374.

de cession, les recouvrements acquis par le cessionnaire
en vertu du traité ostensible. Ici la contre-lettre, tendant d'une manière indirecte à exagérer le prix de cession, était contraire à l'ordre public. Mais dans cette
hypothèse, la nullité avait-elle une portée absolue ou
relative ? Frappait-elle à la fois et le supplément de prix
convenu et la rétrocession consentie au cédant, ou bien
atteignait-elle seulement les clauses modificatives du
prix et laissait-elle subsister l'acte de rétrocession ?

La Cour d'Orléans avait consacré cette dernière doctrine : elle avait déclaré nulle la contre-lettre, en tant
qu'elle augmentait le prix, mais valable comme acte de
rétrocession. Cette clause lui paraissait toucher uniquement à des intérêts privés (1). La Cour de cassation a
jugé au contraire que la nullité était absolue, et s'éten-
dait à toutes les clauses de la contre-lettre, par ce motif,
que les stipulations du traité ostensible, relatives aux
recouvrements, « sont des conditions essentielles au
traité de cession, puisqu'elles sont un des éléments du
prix de l'office, et que, dès lors, elles ne doivent pas être
séparées du traité ; que ces stipulations ne sont donc
pas seulement des clauses d'intérêt privé, mais qu'elles
deviennent des clauses d'intérêt public... (2) »

La jurisprudence frappe également de nullité la contre-lettre qui a pour objet de céder au titulaire destitué

(1) Orléans, 11 février 1847, Dall., 47, 2, 130 ; 13 août 1847, Dall.,
47, 2, 175.
(2) Cass. civ., 8 janvier 1849, Dall., 49, 1, 12 et 14.

les recouvrements dont la valeur a été comprise dans
l'indemnité imposée à son remplaçant. Cette cession
occulte élevant le chiffre de l'indemnité fixée par le
Gouvernement dans le décret de nomination, on doit
appliquer la même règle qu'après une cession d'office
ordinaire (1).

Mais que décider, si les recouvrements ont été rétro-
cédés au cédant pour leur valeur portée au traité officiel,
et en diminution du prix ostensible? Pareille convention était fréquente, à l'époque où la cession des recouvrements au nouveau titulaire était obligatoire, c'est-à-
dire de 1843 à 1848. Loin d'aggraver la situation du cessionnaire, elle diminuait au contraire ses obligations et
respectait les convenances des parties. C'était une contre-
lettre uniquement relative à un intérêt privé. La Cour de
Paris l'avait déclarée valable (2); la Cour suprême s'est
prononcée en sens contraire, elle a cassé l'arrêt de Paris
du 19 janvier 1850 qui avait admis la validité de cette
contre-lettre. Voici les motifs de cet arrêt important:

« Attendu, dit la Cour suprême, que toutes les
clauses d'une cession d'office sont indivisibles; que
leur ensemble constitue le contrat soumis à la sanction
du Gouvernement; que le traité, qui supprime ou modi-
fie l'une de ces clauses, ne peut avoir d'autre objet que
de surprendre la religion du Gouvernement, ou de porter

(1) Riom, 12 juillet 1850, Dall., 51, 2, 32.
(2) Paris, 19 janvier 1850, Dall., 50, 5, 337 ; 8 juin 1850, Dall.,
51, 2, 97.

atteinte aux droits des tiers, et qu'à ce double point de vue, il est radicalement nul comme contraire, soit aux lois et règlements d'ordre public, soit aux intérêts privés.

« Attendu que, pour sauver de pareils traités, on distinguerait vainement, entre le cas où leur effet serait de diminuer le prix ostensible, et celui où il l'augmenterait, que cette distinction arbitraire et dangereuse n'enlèverait pas à la simulation son caractère d'illégalité, abstraction faite du but direct ou indirect de cette simulation (1) ».

Cet arrêt a fixé la jurisprudence encore indécise dans le sens de la nullité générale et absolue de toutes les contre-lettres. Désormais il n'y a plus lieu de distinguer, entre les contre-lettres qui augmentent et celles qui diminuent ou fixent à sa juste valeur le prix de l'office, entre celles qui portent sur le fond du traité et celles qui concernent seulement les clauses accessoires, entre celles qui touchent à l'ordre public et celles qui se rapportent à l'intérêt privé. Elles sont toutes réputées frauduleuses, contraires à l'ordre public, et partant, frappées de nullité. La présomption de fraude qui pèse sur elles ne peut pas même être combattue par la preuve contraire, c'est une présomption *juris* et *de jure*.

La rigueur de cette doctrine a soulevé de vives critiques. On lui a reproché d'être trop générale, de confon-

_____

(1) Cass., 22 février 1853, Dall., 53, 1, 41. — Voy. aussi Bourges, 27 janvier 1843, Sir., 43, 2, 501.

dre l'intérêt social et l'intérêt privé, de porter atteinte
à la liberté de stipuler et de conduire parfois à des résultats injustes et arbitraires. Ces critiques ne sont pas
fondées. La nullité des contre-lettres est la juste conséquence de la violation faite au droit de contrôle du Gouvernement. Toutes les stipulations du traité devant être
soumises à son approbation, celles qui lui échappent
revêtent un caractère frauduleux et n'ont pas d'existence légale. Cette nullité a encore plus de raison d'être,
quand les conventions secrètes ont pour effet d'exagérer le prix ou d'aggraver les charges qui pèsent sur le
cessionnaire. Dans ce cas, outre qu'elles sont illégales,
les contre-lettres sont encore contraires à la bonne gestion des offices, et dangereuses pour les intérêts confiés
aux officiers ministériels. En les prohibant d'une façon absolue, la jurisprudence n'a ni agi d'une façon arbitraire, ni montré trop de rigueur : elle a justement
appliqué les principes et les règles, propres à la transmission des offices, et obéi à des nécessités d'ordre public. Au point de vue du droit, comme au point de vue
de l'intérêt social, la nullité des contre-lettres est pleinement justifiée.

Cette doctrine a encore l'avantage de soumettre toutes les contre-lettres à l'application d'une règle unifor-
me. Il n'est pas toujours facile de distinguer dans une
contre-lettre où commence l'intérêt social et où finit
l'intérêt privé. De là, des divergences et des contradic-
tions dont la jurisprudence antérieure offre de nom-

breuses preuves. En supprimant toutes les distinctions, cette doctrine établit l'harmonie dans la jurisprudence et facilite la tâche des interprètes.

Ajoutons que les officiers ministériels seraient mal venus à se plaindre de sa rigueur : la prohibition de toute contre-lettre est aussi dans leur intérêt, elle peut les faire réfléchir et les empêcher d'entrer dans la voie dangereuse de la dissimulation et de la fraude.

Les Cours d'appel se sont toutes ralliées à la doctrine établie par l'arrêt de Cassation du 22 février 1853, et depuis lors, elles n'ont pas cessé de proclamer la nullité des contre-lettres (1). Des arrêts récents en ont même fait des applications intéressantes : ainsi, il a été jugé qu'une contre-lettre est nulle, quel que soit le motif qui l'ait inspirée, même si « le supplément de prix caché représente la compensation du temps pendant lequel le cédant avait attendu que le cessionnaire eût acquis les titres professionnels nécessaires pour traiter », même quand « les stipulations en dehors du traité ostensible se rattachent à l'intérêt des tiers et des créanciers des parties, comme celles par exemple qui ont pour objet de disposer du prix de l'office » (2).

Le principe de la nullité des contre-lettres est appli-

(1) Voy. notamment : Amiens, 25 août 1853, Dall., 53, 2, 213 ; Bordeaux, 10 juin 1853, Dall., 55, 2, 322 ; Paris, 13 janvier 1862, Dall., 62, 2, 41 ; Nancy, 12 mai 1864, Dall., 64, 2, 176.

(2) Cass., 13 juillet 1885, Dall., 86, 1, 263; Civ. Rej., 5 août 1885, Dall., 86, 1, 167. — Voy. aussi : Nancy, 27 février 1875, Dall., 75, 2, 214 ; Poitiers, 12 décembre 1882, Dall., 83, 2, 101 ; Bourges, 18 novembre 1890, Dall., 92, 2, 21.

cable à toutes les catégories d'offices énumérés dans la loi de 1816, aussi bien à ceux qui relèvent du ministère du commerce, comme les agents de change et les courtiers, qu'à ceux du ministère de la justice. Toutefois, une première condition est nécessaire, il faut qu'il y ait eu réellement cession. Ainsi, on ne doit pas considérer comme une contre-lettre, la convention par laquelle un huissier s'engage à payer à un collègue qui a changé de résidence, une somme d'argent, pour prix de sa renonciation à demander sa réintégration dans son ancienne résidence (1).

Il faut ensuite que la contre-lettre déroge au traité ostensible. Ainsi, quand le traité officiel est muet sur la question des recouvrements, la cession qui en est faite au nouveau titulaire par acte séparé ne constitue pas une contre-lettre, par conséquent elle est valable (2). Cette solution ne serait plus admise par la jurisprudence actuelle en matière de recouvrements. Ceux-ci doivent figurer aujourd'hui dans le traité ostensible ou, quand le cédant se les réserve, être produits à la Chancellerie par état séparé.

Il faut enfin que la contre-lettre constitue une dérogation à un traité produit à la Chancellerie. Cette condition n'a plus d'importance aujourd'hui. Jadis, il est vrai, les traités relatifs à des cessions d'offices d'agents de change n'étaient pas soumis à l'approbation de l'au-

(1) Grenoble, 4 juin 1860, Sir., 61,2,151.
(2) Civ. rej., 20 avril 1858, Dall., 58, 1, 197.

torité. Il en résultait que les conventions dérogatoires à ces traités ne constituaient pas des contre-lettres. Depuis la loi du 25 juin 1841, tous les traités de cession doivent être écrits et produits à l'administration à peine de nullité.

L'existence d'une contre-lettre, d'après les principes admis par la jurisprudence, est une fraude à une loi d'ordre public. Par suite, elle peut être prouvée par tous les moyens, soit par titre, soit par témoins, soit par présomptions graves, précises et concordantes. La preuve peut émaner soit d'un tiers, soit de l'un des auteurs de la fraude lui-même, en un mot de tous ceux qui y ont intérêt, sans qu'on puisse leur opposer leur participation à l'acte frauduleux (1). C'est l'application des règles ordinaires en cas de fraude.

§ 3. — Caractère et conséquences de la nullité des contre-lettres.

Aux termes de l'article 1131 du Code civil, « l'obligation sur une cause illicite ne peut produire aucun effet ». Les auteurs et la jurisprudence en ont conclu que l'obligation née d'une contre-lettre était non seulement nulle, mais encore inexistante. Elle est assimilable à

(1) Nîmes, 10 mai 1847, Dall., 48, 2, 38 ; Lyon, 17 novembre 1848, Dall., 49, 2, 164 ; Cass. civ., 9 janvier 1850, Dall., 50, 1, 46 ; Agen, 21 mai 1852, Dall., 52, 5, 389 ; Civ. rej., 22 novembre 1853, Dall., 54, 5, 523 ; Req., 24 décembre 1863, Dall., 63, 1, 236 ; Bourges, 18 novembre 1890, Dall., 92, 2, 21.

une obligation sans cause. De là, toute une série de conséquences importantes.

Le cédant n'a d'abord aucune action contre le cessionnaire, pour le contraindre à l'exécution de la contre-lettre. Ce point ne fait pas de doute, mais que décider, si le cessionnaire a volontairement exécuté ses engagements ? Celui-ci peut-il répéter le supplément de prix qu'il a versé ? L'article 1235 déclare, il est vrai, que « *ce qui a été payé sans être dû est sujet à répétition* ». Mais il ajoute dans sa partie finale « *la répétition n'est pas admise à l'égard des obligations naturelles qui ont été volontairement acquittées* ». N'y a-t-il pas là au moins une obligation naturelle qui fait obstacle au droit de répétition ? On l'a soutenu en s'appuyant sur les considérations suivantes (1).

Le Code civil, a-t-on dit, ne définit nulle part l'obligation naturelle : il prononce une seule fois le mot sans en expliquer la portée. Pour apprécier la pensée du législateur, il faut se reporter à l'ancien droit et aux travaux préparatoires du Code. Pothier dans son *Traité des obligations* classe parmi les obligations naturelles, « celles pour lesquelles la loi dénie l'action par rapport à la défaveur de la cause d'où elles procèdent (2) », et il cite comme exemple une dette de cabaret. Il ajoute : « Le seul effet de nos obligations purement naturelles est

(1) Bozérian, *Revue pratique*, 1858, 1ᵉʳ semestre, p. 15 et suiv. ; Massol, *De l'obligation naturelle*, p. 325.

(2) Pothier, *Traité des obligations*, n° 192.

que, lorsque le débiteur a payé volontairement, le paiement est valable, et n'est pas sujet à répétition, parce qu'il a eu un juste sujet de payer ; savoir, celui de décharger sa conscience (1) ». Les rédacteurs du Code ont reproduit la théorie de Pothier, leur langage reflète à n'en pas douter les idées du grand jurisconsulte. Bigot de Préameneu, en présentant le titre des Obligations au Corps législatif, dit dans son exposé des motifs : « On ne regarde comme obligations purement naturelles, que celles qui, par des motifs particuliers, sont considérées comme nulles par la loi civile (2) ». Et, plus loin, il déclare que « le paiement est une renonciation de fait aux exceptions sans lesquelles l'action eût été admise, renonciation que la bonne foi seule et le cri de la conscience sont présumés avoir provoquée ; renonciation qui forme un lien civil que le débiteur ne doit plus être le maître de rompre (3) ». Le langage du tribun Jaubert est le même, il définit les obligations naturelles, « celles qui consistent dans le lien qui dérive de l'équité (4) ». Enfin, le texte de l'article 1235 n'est que l'expression sous une forme législative du second passage de Pothier que nous avons cité.

Or, le langage de Pothier a un caractère général : il classe parmi les obligations naturelles, non seulement

(1) *Idem*, n° 195.
(2) Fenet, *Recueil des travaux préparatoires du Code civil*, t. 13, p. 264.
(3) Fenet, t. 13, p. 264.
(4) *Id.*, p. 340.

les obligations annulables à cause de l'incapacité des
contractants, ou d'une exception péremptoire, mais
toutes celles « qui naissent d'une cause improuvée par
les lois » (1). A l'appui de cette dernière affirmation, il
se borne à citer une dette de cabaret, mais, c'est parce
qu'il n'est pas dans son habitude de donner deux exemples, et que celui-ci, étant très pratique, s'est présenté
naturellement à son esprit (2).

De même, pour les rédacteurs du Code civil, les obligations naturelles sont toutes celles qui, étant « par des
motifs particuliers considérées comme nulles par la loi
civile », dérivent d'un principe d'équité et de justice.
Ils ne citent aussi comme exemple que des obligations
annulables, mais leur langage ne comporte aucune
expression de réserve, et s'applique visiblement à toutes
celles qui ont leur fondement dans le for intérieur et
dans la conscience.

Si telle est la théorie du Code, le débiteur ne doit pas
être admis à répéter le supplément de prix versé en
exécution d'une contre-lettre, il a acquitté une obligation naturelle, et son paiement a eu, selon l'expression
de Pothier, une juste cause, celle de décharger sa conscience.

Le Code, ajoute-t-on, a même fait dans un cas l'application de cette doctrine. L'article 1967, relatif à une
dette de jeu, déclare que, « dans aucun cas, le perdant

(1) Pothier, *Obligations*, n° 193.
(2) Perriquet, p. 268.

ne peut répéter ce qu'il a volontairement payé ». C'est
une disposition qui corrobore l'interprétation donnée à
l'article 1235 et qui confirme l'existence d'une obligation naturelle. Ce n'est pas là, du reste, un cas isolé.
Celui qui donne de l'argent à un chef de claque pour
provoquer des applaudissements au théâtre, à un cour-
tier matrimonial pour s'occuper d'un mariage, et même
à un malfaiteur pour réaliser un méfait, n'ont pas,
d'après M. Bozérian qui cite ces exemples, la *condictio
indebiti*. Comment admettre que le cessionnaire puisse
l'exercer contre le cédant qui est dans une situation
juridique et morale bien plus favorable.

Enfin, comme dernier argument, on a fait valoir que,
même en l'absence de toute obligation naturelle, la répétition ne devrait pas être admise.

L'article 1131, a-t-on dit, qui prononce la nullité des
contre-lettres, ne prouve rien en faveur du droit de répétition. Cette disposition existait déjà dans notre ancien droit, qui l'avait prise lui-même dans le droit romain.
Or, en droit romain, la nullité qui frappait l'obligation
sur cause illicite était loin d'avoir des effets aussi abso-
lus que ceux qu'on veut lui faire produire. Les jurisconsultes romains, Ulpien et Papinien notamment (1),
en traitant de la cause illicite, font une distinction nécessaire : ils estiment que la *condictio indebiti* doit être
accordée, quand l'obligation est illicite d'un seul côté, du

---

(1) Loi 3 et loi 8, *De condict. ob turp. vel inj. caus.*, Dig., 12, 5.

côté du créancier de l'obligation, mais ils refusent la
condictio indebiti, toutes les fois que l'obligation a un
caractère illicite à l'égard des deux stipulants : *Ubi au-
tem dantis et accipientis turpitudo versatur, non posse
repeti dicimus, velut si pecunia detur ut male judice-
tur* (1). Peu importe le degré de culpabilité des contractants, il suffit que chaque partie ait participé dans une
mesure quelconque à l'acte illicite. Ainsi, dans l'hypothèse où un particulier a donné de l'argent à un juge
pour obtenir une sentence en sa faveur, le juge est certainement plus coupable de l'avoir accepté que le particulier de l'avoir donné. Cependant, même dans cette
hypothèse, le droit romain refuse l'action en répétition.

Pothier, dans son *Traité des obligations*, reproduit la
même distinction : « Observez à l'égard de cette action,
nous dit-il, qu'on doit bien distinguer, si la cause, pour
laquelle on a promis quelque chose, blessait la justice ou
les bonnes mœurs, du côté seulement de la partie qui
stipulait ou de la part des deux parties (2) ».

Cette opinion est aussi celle des premiers commenta-
teurs du Code civil (3).

Tel est, dit-on, le vrai sens de l'article 1131 interprété à la lumière des précédents historiques. Qu'on ne
dise donc pas, comme un arrêt de la Cour de cassation
annulant une contre-lettre, que « la faute n'est pas égale

---

(1) Loi 3, *De condictione ob turpem causam*, Dig., 12, 5.
(2) Pothier, *Obligations*, n° 48.
(3) Merlin, Toullier, Rolland de Villargues.

entre le postulant et le titulaire, puisque c'est lui, fonctionnaire public, ayant en cette qualité des devoirs plus
étroits, qui a fait subir la loi d'un prix exagéré au postulant » (1), car c'est une considération purement se-
condaire. Les deux stipulants qui ont conclu la contre-
lettre sont coupables d'une dissimulation. Ils sont en
faute, l'un d'avoir versé, l'autre d'avoir reçu le supplément de prix, ils ont participé tous les deux à la fraude,
le juge doit respecter le fait accompli et maintenir,
dans un but d'ordre public, la possession du cédant :
In turpi causà, melior est causa possidentis.

On comprendrait à la rigueur ce droit de répétition,
si l'on pouvait remettre les parties en l'état où elles
étaient avant de contracter, mais ici la *restitutio in in-
tegrum* n'est pas possible. La transmission d'un office
est un fait définitif et irrévocable, sa restitution aux
mains du cédant n'est pas admise. Celui-ci, dit-on, est
donc frustré sans compensation d'une somme sans laquelle il n'aurait peut-être pas contracté.

Les arguments que nous venons de développer ne
sont pas dénués d'importance. Appuyés sur les précéd-
dents historiques et les travaux préparatoires, ils contiennent certainement une part de vérité. Cependant ils
sont loin d'éclaircir d'une façon décisive tous les points
en litige, de graves doutes subsistent notamment sur
la question des obligations naturelles et sur la portée

(1) Req., 1er août 1844, Dall., 44, 1, 293 ; Sir., 44, 1, 587.

d'application de l'article 1235 *in fine*. Aussi la jurisprudence et la majorité des auteurs, en présence du
texte de l'article 1131 et des nécessités d'ordre public,
se sont prononcées en faveur du droit de répétition du
cessionnaire. Toutefois, ce n'est pas sans quelque résis-
tance que cette solution a triomphé.

Les premiers arrêts sur la question admettent généralement l'existence d'une obligation naturelle et sont
contraires au droit de répétition. Cette thèse a été soutenue devant la Cour de Rouen par M. l'avocat général
Rouland. Le savant magistrat s'est efforcé de démon-
trer que, parmi les lois d'ordre public, il convenait de
faire une distinction :

Les unes, sont « l'expression de la morale éternelle »
et des instincts de la conscience. « Ce qu'elles défendent,
en effet, est défendu et par la loi divine et par le for intérieur ». Les prohibitions qu'elles contiennent ne peuvent être en contradiction avec les obligations naturelles.

Les autres, au contraire, n'ont pas un caractère de
permanence et de généralité absolues. Elles sont dictées
au législateur par la nécessité de protéger une institution, de soutenir un principe, ou de défendre un intérêt général. Mais leurs prohibitions sont variables et
passagères, comme les intérêts qu'elles protègent, comme les dispositions mêmes du législateur dont elles émanent. On peut donc légitimement concevoir l'existence
d'un devoir de conscience, d'une obligation morale et
naturelle, contraire aux prescriptions de la loi civile.

Évidemment, les tribunaux ne peuvent pas ratifier la convention faite en violation d'une loi de ce genre, mais si la convention a été pleinement exécutée, ils doivent, par respect pour la conscience humaine, s'opposer à toute rétractation des engagements accomplis. Tel est, disait M. Rouland, le sens de l'article 1235 sur les obligations naturelles. Cette argumentation eut gain de cause devant la Cour de Rouen (1).

Quelques arrêts, sans aller jusqu'à autoriser le droit de répétition, avaient adopté un système mixte en quelque sorte : ils autorisaient le cessionnaire à imputer sur le prix ostensible encore dû les sommes payées en vertu d'une contre-lettre (2). C'était évidemment une solution peu juridique : cette imputation équivalait en effet à une répétition.

Un autre arrêt, s'inspirant des dispositions de l'article 1321 du Code civil, relatif aux contre-lettres en matière ordinaire, déclarait le paiement d'un supplément de prix, valable entre les parties, mais imputable sur le prix ostensible à l'égard des tiers (3).

Dès 1841, la Cour de cassation était saisie d'un pourvoi contre l'arrêt de la Cour de Paris du 15 février 1840 : conformément aux conclusions de M. l'avocat général Delangle, la Chambre des requêtes rejetait le pourvoi,

---

(1) Rouen, 18 février 1842, Sir., 42.2.201. Conclusions de M. l'avocat général Rouland, Dall., *Répert.*, v° *Office*, n° 241.
(2) Paris, 15 février 1840, Sir., 40.2.85 ; Paris, 30 mai 1843, Dall., *Répert.*, v° *Office*, n° 167.
(3) Paris, 25 avril 1843, Dall., *Répert.*, v° *Office*, n° 239.

7

mais sans se prononcer nettement sur la question du droit de répétition (1). Enfin en 1844, la Chambre civile de la Cour de cassation et la Chambre des requêtes, par deux arrêts rendus à un jour d'intervalle, déclaraient que les conventions prohibées par la loi au nom de l'ordre public, n'engendraient ni obligation civile ni obligation naturelle, et qu'en conséquence, le cessionnaire d'un office pouvait répéter les sommes payées en exécution d'une contre-lettre (2).

Les motifs de l'arrêt du 30 juillet 1844 sont à citer : « Attendu, dit la Cour, que, s'il est vrai que les traités secrets ne peuvent produire l'obligation civile entre les contractants, il doit être également vrai qu'ils ne sauraient engendrer une obligation naturelle, dont la puissance serait de les soustraire à la prohibition de la loi ; que pour admettre, en effet, que le paiement volontairement fait en exécution d'une semblable obligation naturelle ne peut être répété, il faudrait nécessairement s'étayer de l'article 1235 du Code civil, c'est-à-dire d'une disposition textuelle de droit civil, mais qu'alors on serait conduit à la choquante inconséquence de supposer que le droit civil qui prohibe le contrat, se prêterait en même temps à en protéger l'exécution ».

La Cour de cassation n'a pas cessé depuis cet arrêt de proclamer le droit de répétition du cessionnaire et

(1) Cass. rej., 7 juillet 1841, Sir., 41. 1. 572.
(2) Cass. civ., 30 juillet 1844, Sir., 44. 1. 582 ; Cass. req., 1er août 1844, Sir., 44. 1. 587.

les Cours d'appel se sont toutes ralliées à cette doctrine (1).

Cette jurisprudence nous paraît avoir fait une juste
application de la loi.

L'obligation de payer un supplément de prix au
cédant a une cause illicite. Elle est non seulement nulle
mais inexistante. Comme le déclare l'article 1131 du
Code civil, elle ne peut produire aucun effet légal. On
ne peut ni être tenu de l'exécuter, ni faire disparaître le
vice de son origine par une ratification expresse ou
tacite, « il y a même plus, personne ne pouvant faire
ce que la loi prohibe formellement, l'exécution d'une
obligation contractée contre cette prohibition est elle-
même illégale et nulle, et dès lors, incapable de produire
aucun effet » (2). L'objection tirée de l'ancien droit et
des travaux préparatoires n'est pas concluante. Pothier
et les rédacteurs du Code semblent admettre, il est
vrai, comme obligations naturelles, toutes celles qui
dérivent de l'équité ou de la conscience. Mais, quand ils
arrivent à formuler des exemples, ils citent toujours
des obligations nulles par des considérations particulières, mais jamais pour cause d'ordre public. En réalité, ils n'ont pas prévu cette hypothèse et la question

(1) Voy. notamment Paris, 24 février 1845, Dall., 45.2.71 ; Caen,
12 février 1845, Dall., 45.4.373 ; Req., 11 août 1845, Dall., 45.1.342 ;
Req., 17 décembre 1845, Dall.. 45.4.374 ; Paris, 28 mars 1846, Dall.,
46.4.382 ; Req., 3 janvier 1849, Dall., 49.1.138 ; Lyon, 24 août 1849,
Dall., 50.2.36 ; Agen, 4 février 1852, Dall., 52.5.390.
(2) Bédarride, *Du dol et de la fraude*, t. 3, n° 1305.

après eux reste entière. Pour la résoudre, il faut s'en référer aux principes généraux formulés dans le Code. Or, l'article 6 déclare qu'on ne peut déroger par des conventions particulières, aux lois qui intéressent l'ordre public et les bonnes mœurs, l'article 1131, que l'obligation sur cause illicite ne peut produire aucun effet. Des prohibitions aussi radicales ont pour conséquence nécessaire le droit de répétition. A quoi bon, en effet, déclarer nulles et inexistantes les conventions contraires à l'ordre public et aux bonnes mœurs, si on ne peut effacer les conséquences de leur exécution ? Dans l'hypothèse d'une cession d'office, le cédant aura soin d'exiger du cessionnaire le paiement immédiat du supplément de prix stipulé, et il sera assuré de conserver tout le bénéfice d'une convention prohibée. Il n'est pas admissible que le législateur, après avoir établi une règle absolue et fondamentale, ait légitimé un moyen pratique de la violer. En tout cas, ce n'est pas sur la foi d'un texte vague et mal défini, comme l'article 1235 *in fine*, qu'on peut combattre avec succès les dispositions formelles du Code.

Dans un cas, il est vrai, la loi s'oppose au droit de répétition. L'article 1967 déclare, à propos d'une dette de jeu, que, dans aucun cas, le perdant ne peut répéter ce qu'il a volontairement payé, à moins qu'il n'y ait eu, de la part du gagnant, dol, supercherie ou escroquerie. On a voulu généraliser le sens de cette disposition et en conclure que, dans tous les cas de nullité pour cause

d'ordre public, la loi consacrait la même solution. C'est
une grave erreur : l'article 1967 constitue une dérogation à la règle générale, et c'est à cause de son caractère
exceptionnel que la loi a pris soin de l'énoncer. Cette
disposition confirme donc plutôt l'existence du droit de
répétition.

Il n'y a pas lieu non plus d'argumenter de la maxime
romaine : *In pari causâ, melior est causa possidentis.*

Dans l'hypothèse du droit romain, les considérations
d'ordre public sont secondaires et disparaissent devant
la culpabilité des deux contractants. On conçoit donc
qu'il n'y ait pas lieu d'accorder le droit de répétition.

Dans le cas d'un contrat de cession d'office au contraire, l'intérêt social exige que le cédant restitue au
cessionnaire le montant de la contre-lettre. Comme le
fait remarquer l'arrêt de la Cour de cassation du 1er août
1844 précité, « c'est précisément le paiement de cette
partie du prix cachée et exagérée, qui expose le postulant au danger de manquer à ses devoirs, le public à de
graves dommages et qui blesse plus particulièrement
l'ordre public ». Du moment où l'on admet qu'il n'y a
pas d'obligation naturelle qui s'oppose à la restitution
des sommes dissimulées, le droit de répétition est pleinement justifié par les considérations d'ordre public (1).

La restitution comprend non seulement le montant

_____

(1) En faveur du droit de répétition, voy. Durand, *Des offices*,
nos 229 et suiv. — Larombière, *Obligations*, sur l'art. 1235, no 11. —
Bédarride, *op. cit.*, t. 3, no 1304. — Aubry et Rau, 4e édit., § 297,
note 26. — Dalloz, *Répert. de jurispr.*, vo *Office*, no 243.

de la contre-lettre, mais tous les intérêts courus depuis le jour du versement du prix dissimulé. La jurisprudence, par application de l'article 1378 du Code civil, assimile le cédant à un créancier qui a reçu de mauvaise foi.

L'héritier du cédant est tenu, comme le cédant lui-même, du paiement des intérêts, sans qu'il puisse exciper de sa bonne foi personnelle. Les intérêts sont censés courir en vertu d'un quasi-contrat dont les obligations passent à l'héritier (1).

Mais, si l'héritier a reçu paiement de la contre-lettre après le décès du cédant, est-il tenu néanmoins des intérêts comme le défunt? Si nous supposons l'héritier de bonne foi, les intérêts devraient être payables, semble-t-il, seulement du jour de la demande en justice. La Cour de Paris s'est prononcée en sens contraire (Paris, 14 janvier 1865, Dall., 65.2.108).

Les intérêts du prix secret payés par le cessionnaire portent eux-mêmes intérêts à dater de leur réception par le cédant. En conséquence, celui-ci en doit restitution au cessionnaire (2).

Cette jurisprudence en matière d'intérêts est certainement très rigoureuse. L'officier ministériel, qui consent à l'existence d'une contre-lettre, n'est pas néces-

---

(1) Req., 10 juin 1857, Dall., 58. 1. 117 ; Cass. civ., 8 juin 1864, Dall., 64. 1. 273.

(2) Rej. civ., 22 nov. 1853, Dall., 54. 5. 525 ; Orléans, 31 mars 1855, Dall., 55. 2. 225 ; Req., 19 février 1856, Dall., 56. 1. 103 ; Cass. civ., 8 juin 1864, Dall., 64. 1. 273.

sairement de mauvaise foi. Tel était le cas, par exemple,
de ceux qui avaient cédé leur office antérieurement à
1840, c'est-à-dire à l'époque où les contre-lettres étaient
valables. En équité, du reste, le cessionnaire qui est
complice de la fraude est suffisamment avantagé par la
restitution de son capital. Cependant, sauf une exception, tous les arrêts autorisent la répétition des intérêts.
Cette jurisprudence, il faut le reconnaître, est conforme
à la présomption de fraude *juris et de jure* qui pèse sur
les contre-lettres (1).

La nullité des contre-lettres étant radicale et absolue
peut être invoquée par tous les intéressés. Le cessionnaire n'a donc pas toujours qualité pour s'en prévaloir.
Ainsi le tiers qui, dans le but de gratifier le cessionnaire,
mais sans donation régulièrement faite à celui-ci, a acquitté le montant de la contre-lettre peut seul exercer
l'action en répétition (Rej. civ., 20 juillet 1868, Dall.,
68. 1. 372).

La caution qui a garanti le paiement du prix ostensible peut demander l'imputation sur le montant du cautionnement des sommes payées en vertu d'un traité secret.

Les créanciers du cessionnaire peuvent s'opposer,

(1) Rej. civ., 19 avril 1852, Dall., 52. 1. 105 ; Cass. civ., 31 janvier
1853, Dall., 53. 1. 217 ; Rej. civ., 22 nov. 1853, Dall., 54. 5. 525 ; Rej.
civ., 28 mai 1856, Dall., 56. 1. 377 ; Nancy, 12 mai 1864, Dall., 64.
2. 176 ; Civ. cass., 10 déc. 1878, Dall., 79. 1. 8. — Bourges, 18 nov.
1890, Dall., 92. 2. 21. — *Contrà* : Paris, 31 janvier 1851, Dall.,
52. 2. 38.

jusqu'à concurrence du prix secret, à la validation de la saisie-arrêt faite par le cédant sur le prix dû par un sous-acquéreur de l'office (1). Qu'elles soient nulles ou valables entre les contractants, les contre-lettres n'ont jamais d'effet contre les tiers (1321, C. civ.).

La nullité des traités secrets peut être opposée en principe à tout cédant. Celui-ci ne pourra donc pas invoquer son état de minorité au moment de la cession pour se soustraire aux conséquences d'une action en répétition. Mais il aura de ce chef un recours contre son tuteur (2). Cependant la restitution peut ne pas être admise, s'il est prouvé que le mineur n'a ni eu connaissance ni profité de la dissimulation (3).

La subrogation ou le transport au profit d'un tiers du supplément de prix stipulé dans un traité occulte est nul comme la contre-lettre elle-même. La cession d'une créance, en effet, ne fait pas disparaître les vices qui l'affectent. Il eût du reste été trop facile d'éluder par ce moyen les prohibitions de la loi (4).

En conséquence, le débiteur cédé peut opposer au cessionnaire la nullité de la créance et répéter les sommes payées, même s'il a reçu signification du transport sans protestation de sa part, même s'il s'est engagé par acte

---

(1) Req., 17 décembre 1845, Dall., 45. 4. 374.
(2) Req,, 28 mai 1856, Dall., 56. 1. 377.
(3) Metz, 29 mars 1859, Sir., 59. 2. 540.
(4) Paris, 14 août 1840, Dall., 42. 2. 247 ; Req., 7 mars 1842, Dall., 42. 1. 247 ; Cass. civ., 10 mai 1854, Dall., 54. 1. 217 ; Rennes, 9 avril 1851, Dall., 53. 2. 207.

séparé vis-à-vis du cessionnaire. On ne peut pas alléguer, dans ce dernier cas, qu'il y a eu novation de la dette par substitution de créancier (Paris, 28 mars 1846, Dall., 46. 4. 382).

Nous avons supposé jusqu'ici que le cessionnaire était de mauvaise foi et qu'il connaissait l'origine et le vice de la créance. Mais s'il a été de bonne foi et qu'il ait cru à la validité de la créance, la cession est-elle aussi nulle? La jurisprudence semble incliner vers l'affirmative. Cette doctrine nous paraît juridique. Le cessionnaire est l'ayant cause du cédant, il ne peut avoir plus de droits que le cédant lui-même. On peut lui opposer notamment toutes les exceptions et les causes de nullité qu'on aurait pu opposer au cédant. Du reste, la créance transportée étant inexistante, la cession est nulle faute d'objet (1).

En pareil cas, le cessionnaire a un recours en garantie contre le cédant ou plutôt, comme la cession n'existe pas, il doit avoir une action en dommages-intérêts basée sur l'article 1382 du Code civil.

Il va de soi que la subrogation et le transport de tout ou partie du prix ostensible sont parfaitement valables. L'acquéreur de l'office ne peut pas exercer la répétition du prix secret, par voie d'imputation opérée au préjudice du cessionnaire du prix ostensible ou du subrogataire,

---

(1) Rennes, 9 avril 1851, Sir., 52. 2. 261 ; Trib. Angoulême, 7 mars 1863 sous Bordeaux, 9 novembre 1863, Dall., 64. 2. 31. Voy. motifs de Cass. civ., 2 mai 1853, Dall., 53. 1. 144. — Dalloz, *Répertoire*, v° *Office*, n° 254. —*Contra* : Perriquet, *op. cit.*, n° 309, p. 285.

alors qu'il a accepté ou qu'on lui a signifié le transport
ou la subrogation, sans opposition de sa part (1).

On ne peut ni ratifier ni rendre exécutoire d'une manière quelconque une contre-lettre. Tous les moyens
employés sont nuls, parce que l'obligation est inexistante.

Ainsi, le cessionnaire ne peut pas faire remise au cédant de la dette née du paiement d'une contre-lettre.
Cette exception ne suffit pas pour faire obstacle au droit
de répétition. On a soutenu cependant la validité du
contrat de remise, en disant qu'il n'avait pas pour objet
de renoncer à l'action en nullité, mais simplement d'approuver le paiement. La contre-lettre et le paiement,
a-t-on répondu, sont également frappés d'une nullité
d'ordre public. Pas plus l'une que l'autre ne sont susceptibles d'être ratifiés (2).

L'exécution d'une contre-lettre ne peut pas non plus
faire l'objet d'une transaction valable. On ne peut pas
transiger en effet sur des matières contraires à l'ordre
public. Cependant la jurisprudence dans des cas analogues s'est montrée moins sévère : ainsi elle permet de
transiger « sur l'action civile née d'un délit, sur l'action en restitution d'intérêts usuraires » (3). Ici elle

(1) Bourges, 5 juin 1852, Dall., 54. 2. 125 ; Paris, 22 mars 1859,
Dall., 59. 2. 144 et sur pourvoi Req., 12 décembre 1859, Dall., 60.
1. 92 ; Req., 19 juin 1883, Dall., 84. 1. 228.

(2) Rouen, 26 décembre 1850, Dall., 51. 2. 83 ; Rej. civ., 19 avril
1852, Dall., 52. 1. 106 ; Req., 5 novembre 1856, Dall., 56. 1. 397.

(3) Perriquet, p. 291, n° 320.

s'est montrée particulièrement impitoyable : elle autorise la répétition des sommes payées, même en vertu
d'une transaction ayant pour objet le supplément de
prix stipulé dans une contre-lettre (1).

La dette née d'une contre-lettre n'est pas susceptible
de novation. La novation suppose en effet l'existence
d'une obligation, or comme nous l'avons vu, la contre-
lettre n'engendre même pas une obligation naturelle. Il
n'y a donc pas de novation possible (2).

Par la même raison, le cautionnement destiné à garantir le paiement d'une contre-lettre n'a aucune valeur
légale (art. 2102, C. civ.) (Lyon, 21 janvier 1847, Sir.,
47. 2. 230).

Cependant le cédant ou son héritier peut valablement
opposer à l'action en répétition du cessionnaire la compensation qui résulte de dettes réciproques. Conformément à l'article 1291 du Code civil, les deux dettes doivent être liquides, exigibles et de même nature. Le
cessionnaire ne peut pas faire repousser la demande en
compensation, par le motif qu'il a été injustement dépouillé de sa chose. Cette disposition, contenue dans
l'article 1293 du Code civil, s'applique seulement au
cas de vol, ou d'enlèvement par fraude ou par violence
d'une chose appartenant au débiteur. La compensation

(1) Req., 20 juin 1848, Dall., 48. 1. 210; 16 mai 1849, Dall., 49.
5. 294 ; Amiens, 25 août 1853, Dall., 53. 2. 213 ; Req., 5 novembre
1856, Dall., 56. 1. 397. — Aubry et Rau, 4e éd., § 420, note 19.
(2) Paris, 28 mars 1846, Dall., 46. 4. 382 ; Cass. civ., 10 mai 1854,
Dall., 54. 1. 219.

ne doit pas préjudicier aux tiers, ainsi que nous l'avons
fait remarquer précédemment, en refusant l'imputation
du montant de la contre-lettre sur le prix ostensible
qui a fait l'objet d'une cession ou d'une subrogation.
L'imputation, en effet, n'est qu'un cas de compensation.
Celle-ci équivalant à un paiement est une application
indirecte du droit de répétition (1).

Deux faits seuls peuvent faire obstacle à l'action en
nullité et à l'action en répétition : l'exception de chose
jugée et la prescription.

Le premier moyen tire sa force de l'irrévocabilité qui
s'attache aux jugements non susceptibles d'opposition
ou d'appel. Entre deux intérêts d'ordre public, la nullité
des contre-lettres et le respect de la chose jugée, la jurisprudence a préféré avec raison maintenir l'acte illicite
que d'annuler « ses propres jugements (2) ».

L'exception de chose jugée n'est admise qu'aux conditions énumérées dans l'article 1351 du Code civil :
« Il faut que la chose demandée soit la même ; que la
demande soit fondée sur la même cause ; que la demande soit entre les mêmes parties, et formée par
elles et contre elles en la même qualité ».

Ainsi le cessionnaire qui s'est laissé condamner à payer
au cédant la somme fixée par une transaction intervenue
sur le prix secret d'un office, sans opposer la nullité de

(1) Req., 30 janvier 1860, Dall., 60. 1. 306 ; Req., 19 juin 1883,
Dall., 84. 1. 228.
(2) Bourges, 7 mai 1861, Dall., 62. 2. 112.

cette transaction, n'est plus recevable à exercer l'action
en répétition. L'identité de parties, de qualités et de de-
mandes ici était évidente. L'identité de cause paraissait
moins claire. Cependant la jurisprudence a jugé avec
raison dans cette espèce que la transaction, cause de la
première demande, avait acquis en vertu du premier
jugement un caractère de validité irrévocable, et que la
nullité n'en pouvait plus être prononcée, sans porter atteinte à l'autorité de la chose jugée (1).

Dans l'hypothèse au contraire où le tiers porteur de
bonne foi d'un billet causé argent prêté, mais en réalité
souscrit en paiement d'une contre-lettre, a été colloqué,
pour le montant de sa créance, dans une procédure d'ordre sans opposition de la part du débiteur cédé, celui-
ci peut néanmoins exercer l'action en répétition contre
le cédant, parce qu'entre les deux jugements, il n'y a
ni identité de cause ni identité de parties (2).

Pour que l'exception puisse être opposée avec succès,
il faut que la décision invoquée ait le caractère d'un jugement. Le cédant ne pourrait se prévaloir, par exemple,
d'une sentence arbitrale rendue en sa faveur et de l'ordonnance qui l'a rendue exécutoire (3).

L'action en répétition disparaît également par la prescription de trente ans. La prescription de dix ans, établie
par l'article 1304 et basée sur une présomption de con-

. (1) Bourges, 7 mai 1861, Dall., 62. 2. 112. Voy. aussi Requ., 4 févr.
1850, Dall., 50. 1. 322.

(2) Cass. civ., 8 juin 1864, Dall., 64, 1, 273.

(3) Lyon, 24 août 1849, Dall., 50. 2. 36.

firmation tacite, ne lui est pas applicable, parce qu'on ne peut pas confirmer ce qui est également inexistant (1).

La prescription de trente ans éteint l'action en nullité, mais ne donne pas à la contre-lettre une existence légale. Il en résulte que la nullité en peut être indéfiniment proposée par voie d'exception, conformément à la maxime *quæ temporalia sunt ad agendum, perpetua sunt ad excipiendum* (2).

Nous voyons par ce qui précède combien sont rigoureuses les conséquences de la nullité des contre-lettres. Aussi les parties lésées ont essayé de tous les moyens pour y échapper.

Les moyens tirés de l'existence d'une obligation naturelle ou d'une ratification expresse ayant tous été repoussés, le cédant a parfois conclu reconventionnellement à des dommages-intérêts, payables par le cessionnaire pour violation frauduleuse de ses engagements. La jurisprudence n'a pas admis cette demande, même quand elle était intentée par un mineur, héritier d'un office, contre un tiers qui avait traité avec son tuteur, même quand le cédant soutenait que la contre-lettre avait été stipulée dans l'intérêt du cessionnaire seul, et pour lui éviter le paiement des droits d'enregistrement.

(1) *Contrà* : Toullier, t. 6, n° 599 ; Tessier-Desfarges, *Revue de législation*, t. 46, p. 608.

(2) Paris, 26 mai 1845, Dall., 45. 4. 370 ; Req., 10 février 1846, Dall., 46. 4. 383.

C'eût été faciliter d'une manière indirecte l'exécution d'une convention formellement prohibée (1).

Indépendamment de l'action en nullité et en répétition des sommes payées avec toutes leurs conséquences, les officiers ministériels peuvent être passibles de peines disciplinaires pour avoir participé à un traité secret.

On a contesté à l'origine, c'est-à-dire vers 1850, la légalité de ces poursuites. La loi de 1816, a-t-on dit, ne dit rien à ce sujet, la loi du 25 ventôse n'a pas prévu et puni cette faute, enfin celle-ci est antérieure à l'entrée en fonctions de l'officier. Ces objections n'ont pas prévalu : l'énumération faite par la loi de ventôse des fautes, qui rendent les officiers ministériels passibles de poursuites disciplinaires, n'est pas limitative. D'autre part, bien qu'antérieurs à l'entrée en fonctions, les faits reprochés ont été accomplis en vue d'obtenir une nomination, ils ont abouti à faire du postulant un officier public. Par suite, ils tombent bien sous l'action de la juridiction disciplinaire (2).

Le ministère public exerce les poursuites devant le tribunal du ressort où est situé l'office. Les peines prononcées sont généralement la censure simple, la censure avec réprimande, la suspension. Dans certains cas

---

(1) Bordeaux, 10 juin 1853, Dall., 53. 2. 322 ; Rej., 28 mai 1856, Dall., 56. 1. 377.

(2) Req., 6 novembre 1850, Dall., 50. 1. 235 ; Dall., *Rép.*, v° *Office*, Perriquet, n° 272. — n° 335.

très graves, les notaires, qui sont destituables par les
tribunaux, peuvent être frappés de la peine de la destitution (1).

La chambre de discipline peut être saisie aussi par le
ministère public des faits de fraude au traité ostensible. Elle peut infliger à l'officier, soit un rappel à l'ordre, soit la censure simple ou avec réprimande, elle
peut le priver de voix délibérative dans les assemblées,
lui interdire l'entrée de la chambre et même, si elle le
juge à propos, provoquer sa suspension ou sa destitution (2).

La loi n'ayant pas spécialement frappé d'une peine la
participation du cessionnaire à un traité secret, il n'y a
pas lieu dans tous les cas d'appliquer des peines disciplinaires, il faut tenir compte du but et des effets de la
contre-lettre, des circonstances et des causes qui ont
amené l'action en nullité ou en répétition (3). Mais ces
faits, d'une appréciation très délicate, ne sont pas toujours pris en considération par les tribunaux (4). Il en
résulte des conséquences diamétralement opposées aux

(1) Rennes, 1er avril 1840 ; Rouen, 15 mai et 1er juin 1841, Dall.,
Répert., v° *Office*, n° 273 et note 1 ; Toulouse, 22 mai 1854 ; Rej. civ.,
28 août 1854, Dall., 54.1.321. — Voy. sur ce point: Circulaire du
1er mars 1890, *Bulletin du minist. de la justice*, 1890, p. 73.

(2) Délibération de la chambre des not. de Vic, Dall., *Rép.*, v° *Office*,
n° 273, note 2.

(3) Rej. civ., 19 août 1847, Dall., 47.5.104; Req., 6 nov. 1850, Dall.,
50.1.324 ; Rej. civ., 28 août 1854, Dall., 54.1.321.

(4) Rouen, 15 mai 1841, Dall., 41.2.219 ; 27 mai 1845, Dall., 45.2.
153 ; Douai, 23 avril 1850, Dall., 54.5.523.

vues du législateur : destinées à prévenir l'usage des contre-lettres, la perspective et l'incertitude de ces peines disciplinaires n'empêchent pas la conclusion des traités secrets, mais poussent le cessionnaire à ne pas les révéler.

CHAPITRE IV

La cession d'un office, comme tous les contrats synallagmatiques, fait naître des obligations réciproques entre les parties contractantes. Ces obligations, en raison même du caractère spécial de l'objet vendu, présentent des particularités intéressantes. Nous allons les examiner dans deux sections différentes.

SECTION I. — Obligations du cédant.

Le cédant comme un vendeur est tenu de deux obligations : *obligation de livrer* et *obligation de garantir*.

§ 1. — Obligation de livrer.

« Cette obligation, dit M. Perriquet, consiste à fournir au cessionnaire les pièces et à lui prêter l'assistance nécessaire pour obtenir sa nomination et pour prendre possession de la clientèle ».

Il est superflu d'énumérer ici les nombreuses pièces qui composent le dossier du candidat. La plupart se réfèrent, soit à la moralité, soit à la capacité du postulant. C'est à lui de se les procurer. Mais il en est deux que le cédant est tenu de lui fournir : *les états de produits de l'office et la démission avec présentation.*

S'il refuse de les livrer, le cessionnaire peut-il l'y contraindre? Peut-il faire décider notamment par le tribunal que le jugement rendu tiendra lieu de démission?

Dans l'ancien droit, le créancier d'un officier pouvait faire ordonner par justice que son débiteur passerait procuration *ad resignandum,* faute de quoi le jugement vaudrait procuration. Cette disposition était la sanction nécessaire du droit de saisir et de faire vendre l'office aux enchères, qui existait dans notre ancienne législation (1). La procédure de la saisie et de la vente des offices étant aujourd'hui abolie, on ne peut pas invoquer l'exemple de l'ancien droit pour résoudre la difficulté qui nous occupe. Il faut s'inspirer de l'esprit de la loi de 1816. Or le droit de présentation, tel qu'il résulte de l'article 91 et des circulaires qui l'ont interprété, a un caractère essentiellement volontaire et personnel : ni les créanciers, ni l'État, sauf pour cause d'ordre public, ne peuvent contraindre un officier à démissionner ; le titu-

---

(1) Voy. Loyseau, livre 3, ch. 6. — Edit de 1683, art. 6, 7, 8. — Pothier, *Procédure,* partie IV, ch. 2, art. 15, § 1, édit. Bugnet, t. X, p. 307 et suiv.

laire ou les héritiers, continuateurs de sa personne, ont
seuls qualité pour exercer le droit de présentation. Tout
moyen de contrainte, tel qu'un jugement, est donc contraire au principe de la liberté de démission, admis par
la loi de 1816.

D'autres considérations militent aussi en faveur de
cette solution. Le droit de révoquer et de nommer les
officiers n'appartient qu'à l'État. Le jugement rendu
contre un officier non démissionnaire équivaut à une
véritable révocation, et dans une certaine mesure, tend
à imposer un candidat à l'agrément de l'administration.
Il est donc contraire aux prérogatives supérieures de
l'État sur les offices.

Conformément à cette doctrine, le cédant ne peut pas
être condamné à donner sa démission, il est seulement
passible, envers le cessionnaire, pour inexécution de son
obligation, de dommages-intérêts à évaluer par le tribunal (1).

On a voulu voir l'expression d'une doctrine contraire,
dans un arrêt de la Cour de Bordeaux du 7 mai 1834
(Sirey, 35. 2. 179), mais cet arrêt n'a pas la portée qu'on
lui a généralement attribuée. Il ne statue pas sur le point
de savoir, si un jugement peut tenir lieu de démission,
il examine seulement si, dans l'espèce soumise, il y a

(1' Aix, 5 janvier 1830 ; Montpellier, 20 juillet 1832 ; Agen, 18 avril
1836 et Cass. civ., 4 janvier 1837. Voy. tous ces arrêts dans Sirey,
1837. 2. 445 à 449 et notes. Décis. min. just., 5 mai 1834 et 9 janvier 1837. — Eug. Durand, n° 233 ; Dall., *Répert.*, v° *Office*, n° 146. —
Contrà : Perriquet, n° 364.

eu réellement un traité de cession, et par suite, s'il y a
matière à dommages-intérêts.

Mais si le cédant, après avoir formellement donné sa
démission, manifestait l'intention de la retirer avant
que l'administration l'ait acceptée, quel serait l'effet de
ce retrait tardif.

Dans l'ancien droit, cette simple manifestation de volonté suffisait à anéantir le contrat de cession. Par faveur pour les officiers, en effet, on leur avait accordé la
faculté de *regrès*, c'est-à-dire le droit de rentrer en leur
office, tant que le cessionnaire n'avait pas été installé
ou reçu dans ses fonctions. Le cédant qui usait de ce
droit était tenu de rembourser au cessionnaire le coût
du contrat de vente, et de payer parfois des dommages-
intérêts généralement de peu d'importance.

Cette faculté, critiquée déjà par les jurisconsultes de
l'ancien droit qui la trouvaient exorbitante, n'existe plus
aujourd'hui(1). Elle déroge gravement au principe qu'un
contrat oblige avec la même force les deux parties contractantes, et toute dérogation aux principes généraux
doit, pour être valable, résulter d'un texte formel. Par
conséquent, après signature du traité et remise de la
démission, la convention entre les contractants est juridiquement parfaite. Le lien de l'obligation étant formé,
le cédant en retirant sa démission est mal venu à ce

---

(1) Eug. Durand, *Des offices*, n° 235. — Cass. req., 13 novembre
1823, Dalloz, *Répert.*, v° *Office*, n° 84, note 1.

moment à proposer devant les tribunaux la nullité du traité (Paris, 14 janvier 1845, Dall., 46. 2. 9).

L'administration autorise cependant ce retrait tardif, jusqu'à l'acceptation du cessionnaire et l'approbation du traité. Selon la jurisprudence de la Chancellerie, « la » démission ne vaut qu'à partir de l'accomplissement » de la condition sous laquelle elle est consentie, c'est- » à-dire la nomination du successeur présenté. Jusqu'à » cette époque, elle peut être retirée, sauf la question » des dommages-intérêts à vider par les tribunaux entre » les parties contractantes (1) ».

La ratification du traité par l'administration marque donc le moment où la cession acquiert, du côté du cédant, un caractère irrévocable et définitif. Il en résulte que, si le cédant s'est engagé successivement à présenter deux candidats à l'agrément du Gouvernement, celui-là est préféré, qui a obtenu le premier l'investiture officielle,

Le traité confère au cessionnaire une simple espérance, un droit à l'office, *jus ad rem*, comme disent nos anciens auteurs, l'approbation du traité et le décret de nomination du cessionnaire font passer la charge sur la tête du postulant et lui donnent seuls le droit en l'office, *jus in re.*

En pareil cas, le cessionnaire évincé a, comme de raison, le droit de poursuivre le cédant en paiement de dommages-intérêts.

-----

(1) Greffier (cessions), 4ᵉ édit., p. 40.

Le cédant doit mettre aussi le cessionnaire en possession des minutes, papiers, registres, dossiers, répertoires qui sont dans l'office.

Cette obligation comprend aussi bien les papiers relatifs aux affaires en cours que ceux relatifs à des affaires terminées. Le cédant conserve le droit de les consulter, mais sans pouvoir les déplacer.

Si le cédant refuse de les remettre ou les retient injustement, et que les clients se détournent de l'étude, le cessionnaire a droit à des dommages-intérêts (1).

§ 2. — Obligation de garantir.

Les règles générales de la garantie, en matière de vente, sont applicables au contrat de cession d'office.

Le cédant doit donc assurer au cessionnaire la jouissance paisible de l'office, et le garantir en second lieu contre les défauts et vices cachés qui en diminuent l'utilité ou la valeur (art. 1625 et suiv., C. civ.).

Nous verrons par la suite que la jurisprudence a étendu l'action en garantie pour vices rédhibitoires, à des cas et dans des conditions, complètement en dehors des termes de l'article 1641 du Code civil.

Le premier chef d'obligation est de beaucoup le moins important. La propriété d'un office, en effet, repousse

---

(1) Voy. sur ces divers points, Bourges, 30 nov. 1853, Dall., 54. 2. 80 ; Orléans, 27 juin 1877, Dall., 79. 2. 79 ; Req., 3 janvier 1881, Sir , 81. 1. 155 ; Dall., *Supp. au Répert.*, vº *Office*, nᵒˢ 33 et suiv.

toute « condition résolutoire » (1) ; elle n'est susceptible notamment, ni d'éviction du fait d'un tiers, ni de
résolution pour défaut de paiement du prix ou inexécution des conditions stipulées, ni de rescision pour cause
de lésion de plus des sept douzièmes, puisque cette
cause de résolution est spéciale aux immeubles.

Certains faits peuvent entraîner cependant la dépossession d'un officier : ce sont la destitution, la suppression ou le démembrement de l'office.

La destitution est la conséquence d'une faute du titulaire, et le cédant ne garantit pas les causes d'éviction
personnelles au cessionnaire.

La suppression est opérée par l'État, dans un but
d'ordre public, elle tient à des causes indépendantes de
la volonté des parties et le cédant n'est pas garant des
actes de l'administration. Le cessionnaire reste tenu
néanmoins de payer le reliquat de son prix au cédant.

Nous supposons évidemment que la suppression a eu
lieu postérieurement à l'entrée en fonctions du candidat. Mais il peut arriver qu'elle se produise dans l'intervalle qui s'écoule entre le traité et la nomination du
cessionnaire. Dans ce cas, le contrat de cession est
anéanti et la suppression de l'office est supportée par
l'officier démissionnaire. Le traité étant soumis à la
condition suspensive de l'approbation du Gouvernement, l'office qui fait l'objet de la convention demeure

(1) Perriquet, p. 332, n° 373.

aux risques du cédant, jusqu'à l'événement de la condition, conformément à l'article 1182 du Code civil.

Si l'office subit un démembrement, il faut faire la même distinction : antérieur à la nomination, le démembrement constituant une perte partielle de l'objet vendu, permet au cessionnaire de demander la résolution du contrat (C. civ., 1182); postérieur à cette formalité, il retombe sur le cessionnaire qui en supporte tous les effets.

L'obligation d'assurer une jouissance paisible à l'acheteur ne peut s'appliquer ici qu'à la conduite personnelle du cédant. Il doit s'abstenir de tout acte qui puisse porter préjudice au cessionnaire ou troubler sa possession. Ainsi, le cédant ne peut pas acquérir un office dans la localité où était situé l'office vendu : ce fait est susceptible d'entraîner une dépréciation et un détournement de la clientèle du cessionnaire au profit de l'ancien titulaire, et constitue, dès lors, un acte de concurrence prohibé (Req., 17 juin 1867, Dall., 68.1.17).

Il a été jugé de même que l'officier démissionnaire, qui rédige des actes sous seings privés dans le même ressort que son successeur, ou retient injustement les papiers de l'étude, pour en tirer personnellement profit ou les livrer à un concurrent, et généralement, que tout cédant qui se livre à des actes hostiles ou dommageables au cessionnaire, est tenu à garantie, et doit rembourser le préjudice causé (1).

(1) Bourges, 3 nov. 1853, 14 mai 1850, Dall., 54.2.80. — Rouen,

Cette obligation de garantie passe aux héritiers de l'officier ministériel décédé. Comme leur auteur, ils doivent s'abstenir de tous les actes de nature à porter atteinte à l'exercice légitime des droits du cessionnaire, sous peine d'être condamnés à des dommages-intérêts.

L'officier démissionnaire est tenu aussi envers son successeur « de la garantie à raison des défauts cachés de la chose vendue, qui la rendent impropre à l'usage auquel on la destine, ou qui diminuent tellement cet usage, que l'acheteur ne l'aurait pas acquise, ou n'en aurait donné qu'un moindre prix, s'il les avait connus (Art. 1641, C. civ.) ».

En matière de cession d'office, tous les vices rédhibitoires se rattachent à deux cas généraux :

Ou bien, le cédant a fait subir aux états de produits de l'office des majorations, qui ont entraîné une exagération du prix de cession.

Ou bien, il a diminué la valeur de l'office, jeté le discrédit sur l'étude et éloigné une partie de la clientèle, par son incapacité, sa mauvaise gestion ou son indélicatesse. Tel est le cas du cédant qui est tombé en déconfiture ou en faillite, ou contre qui une action criminelle ou des poursuites disciplinaires graves sont exercées.

Selon le droit commun, quand il y a vice rédhibi-

---

4 février 1870, Dall., 71.2.155. — Perriquet, p. 332, n° 374. — Eug. Durand, *op. cit.*, n° 239.— Dall., *Répert.*, v° *Office*, n° 164 et arrêt du Tribunal de Savenay du 20 novembre 1838, cité en note.

toire, l'acheteur « a le choix de rendre la chose et de se faire restituer le prix ou de garder la chose et de se faire rendre une partie du prix... (art. 1644, C. civ.) ».

Ici l'option n'est pas possible : la cession d'un office, dès qu'elle est parfaite, est un fait définitif et irrévocable ; après l'entrée en fonctions de l'officier, la résolution du contrat, pour des raisons d'ordre public, ne peut plus être prononcée. Le cessionnaire ne peut donc pas exercer l'action rédhibitoire qui a pour but de faire annuler le contrat, mais il peut légitimement intenter contre le cédant l'action *quanti minoris*, l'action en réduction de prix.

Aux termes de l'article 1642 du Code civil, l'exercice de cette action est soumis à deux conditions essentielles : il faut que le vice rédhibitoire invoqué ne soit pas apparent, et que l'acheteur n'ait pas pu s'en convaincre lui-même.

En matière de cession d'office, la jurisprudence exigeait rigoureusement, à l'origine, la réunion de ces deux conditions, et écartait toute demande où le cessionnaire ne faisait pas la preuve requise. Il suffit pour s'en convaincre de parcourir les recueils de jurisprudence : Ainsi il a été jugé qu'il y avait lieu d'admettre une réduction du prix de cession, quand le cédant avait causé, soit par sa disparition, soit par sa déconfiture ou le mauvais état de ses affaires, une perte notable dans la clientèle attachée à l'office, si la situation n'était pas connue au moment du traité (1). Il a été jugé de même que l'exagération des produits de l'office était une cause de réduction du prix, quand elle avait été obtenue par des dissimulations ou des manœuvres frauduleuses que l'acquéreur n'avait pu découvrir facilement (2).

Par contre, de nombreux arrêts ont décidé que la déconfiture du cédant ou l'exagération des produits de l'office, ne pouvait pas servir de base à une demande en réduction de prix, quand le cessionnaire, au moment du traité, connaissait la situation embarrassée du vendeur ou pouvait se rendre compte par l'inspection des répertoires et des registres de la majoration des états de produits (3).

Conformément à l'article 1648 du Code civil, la jurisprudence exigeait aussi à l'origine que l'action en réduction du prix de cession fût intentée dans un bref délai. En conséquence, elle rejetait toute action en réduction intentée trop longtemps après la cession ou la découverte du vice rédhibitoire, à cause de la difficulté d'ap-

(1) Trib. Caen, 31 août 1835, Sir., 37. 2. 478, confirmé par la Cour de Caen, 22 juillet 1837, Sir., 38. 2. 223. — Paris, 28 janvier 1848, Dall., 48. 2. 20. — Lyon, 2 mai 1850, Dall., 50. 2. 115. — Bordeaux, 19 novembre 1850, Dall., 51. 2. 159. — Paris, 27 février 1852, Dall., 52. 2. 207. — Nancy, 24 mai 1861, Dall., 61. 2. 159.

(2) Aix, 26 juillet 1838. — Bourges, 27 janvier 1843, Dall., Répert., v° Office, n°s 219 et 293, note 1. — Civ. Rej., 2 août 1847, Dall., 47. 1. 316. — Req., 6 décembre 1852, Dall., 53. 1. 118. — Paris, 23 décembre 1852, Dall., 53. 2. 195.

(3) Riom, 19 avril 1847, Dall., 47. 2. 174. — Bordeaux, 20 mai 1848, Dall., 48. 2. 191. — Rennes, 19 juillet 1851 et sur pourvoi Req., 6 décembre 1852, Dall., 53. 1. 118.

précier les majorations de prix ou les dépréciations subies par l'office (1).

Elle prolongeait ce délai, si l'exagération des produits était la conséquence d'un dol et de manœuvres frauduleuses et accordait l'action pendant dix ans, conformément à l'article 1304 du Code civil. S'il n'y avait pas dol, l'action pouvait être intentée même après un retard, si ce retard tenait à des circonstances particulières et n'impliquait pas renonciation du cessionnaire aux poursuites (2).

On admettait aussi à l'origine, que l'action en réduction du prix de cession n'avait pas un caractère d'ordre public, et qu'elle touchait uniquement à des intérêts privés. Par suite, elle pouvait faire valablement l'objet d'une transaction ou d'une renonciation expresse ou tacite (3). En un mot, cette action, étant basée uniquement sur l'article 1641, s'exerçait dans les conditions du droit commun et ne se distinguait nullement d'une action en réduction relative à un objet ordinaire.

Le droit de réduction a été appliqué dans ces limites jusqu'en 1853 ; à cette époque, l'article 1641 ayant paru insuffisant pour réprimer l'exagération des prix de cession, la jurisprudence a élargi les bases de l'action en

---

(1) Bordeaux, 19 novembre 1850, Dall., 51. 2. 159.

(2) Dall., *Répert.*, v⁰ *Office*, n⁰ 295. — Nancy, 24 mai 1861, Dall., 61. 2. 159.

(3) Trib. de Fontainebleau, 6 juillet 1843, Dall., 44. 2. 33. — Bourges, 19 mars 1845, et Rej. civ., 2 août 1847, Dall., 47. 1. 315. — Req., 10 juillet 1849, Dall., 49. 1. 327.

réduction, transformé son caractère et agrandi son champ d'application, ou plutôt elle a créé une action entièrement nouvelle, l'action en réduction pour fraude à l'État.

Cette nouvelle jurisprudence a été inaugurée par un arrêt de la Cour d'Orléans du 17 août 1853, rendu sur les conclusions remarquables de M. l'avocat général Lenormant :

« Le but de la contre-lettre, disait ce magistrat, c'est la surélévation frauduleuse du prix ; n'arrive-t-on pas au même résultat par la dissimulation frauduleuse des produits ? Leur moyenne est la base d'appréciation acceptée par le Gouvernement. Les deux parties n'ont qu'à s'entendre pour enfler le revenu, et si elles sont assez habiles pour tromper la vigilance de l'autorité, elles arriveront ainsi le plus facilement du monde à une surélévation, c'est-à-dire à une contre-lettre indirecte (1) ».

L'arrêt du 17 août 1853 s'appuie sur des considérations analogues et contient les motifs suivants :

« Attendu, qu'afin d'échapper à de telles conséquences, on exciperait en vain de la libre appréciation des parties formant le contrat ; de l'exécution qu'elles y ont donnée, au moyen de paiements successifs et de la nomination équivalant de la part de l'autorité à une consécration définitive et sans retour ; qu'en effet, il s'agit ici *d'un contrat d'un genre tout particulier*, non suscep-

_____

(1) Dalloz, 53. 2. 194.

tible d'assimilation en tous points avec la vente ordinaire ; que dans cette matière intéressant l'ordre public,
les acquiescements, soit tacites, soit exprès des parties,
restent sans influence, et que le Gouvernement confère
la fonction sans préjudicier au redressement, s'il vient
à être démontré qu'on a surpris sa religion (1) ».

Pour combattre cette jurisprudence, on a soutenu
que l'action en réduction, étendue en dehors des termes
des articles 1641 et 1642, manquait de base égale, qu'elle
était arbitraire et qu'une loi seule pouvait agrandir son
champ d'application : on a invoqué également la différence qui existe entre une contre-lettre et une simple
majoration des produits : la première a échappé au contrôle du Gouvernement, à ses yeux, elle n'a pas de valeur
légale ; la deuxième, au contraire, fait partie du traité
ostensible, elle a été soumise à l'approbation de la Chancellerie qui a tous les moyens de s'assurer de la réalité
des produits. Si elle néglige de le faire, elle est aussi en
faute que le cédant. On ne s'explique donc pas qu'après
l'approbation du traité, il puisse y avoir lieu à réduction. Le visa administratif donne à toutes les clauses du
traité ostensible un caractère définitif et irrévocable. En
tout cas, les tribunaux, dit-on, n'ont pas qualité pour
prononcer la nullité même partielle de ce traité, puisque le Gouvernement dans sa toute puissance ne peut
que l'approuver ou le rejeter (2).

(1) Orléans, 17 août 1853, Dall., 53. 2. 194.
(2) Voy. Perriquet, nº 382.

Ces raisons n'ont pas paru suffisantes à la Cour suprême ; elle a maintenu l'assimilation établie par la jurisprudence, entre les dissimulations qui résultent d'une
exagération des produits de l'office, et celles qui sont
inscrites dans une contre-lettre, et approuvé la nullité
qui les frappe, par ce motif, « que le but de la déclaration fausse est, dans l'un et l'autre cas, de tromper l'autorité sur ce qu'il lui importe de connaître, c'est-à-dire,
sur le rapport exact entre le prix de la cession et la valeur véritable de l'office ; qu'il suit de là, que l'obligation du cessionnaire, de payer en vertu du traité une
somme qui excède la valeur de l'étude, est frappée d'une
nullité d'ordre public et donne lieu à la répétition de ce
qui a été payé à ce titre (1) ».

L'action en réduction pour fraude à l'État, comme l'action en nullité des contre-lettres, est basée sur les nécessités de l'ordre public. Elle n'est donc pas soumise aux
conditions d'exercice requises par l'article 1642 du
Code civil : elle n'exige ni l'existence d'un vice caché au
cessionnaire, ni l'impossibilité pour lui de le découvrir,
il suffit qu'il y ait eu « des déclarations mensongères »
et que ces déclarations mensongères aient eu pour conséquence la fixation d'un prix exagéré que l'administration a accepté (Perriquet, nos 382 et 385).

Ainsi il y a lieu à réduction, quand, dans les états de
produits, figurent les honoraires d'actes reçus par le cé-

_____

(1) Req., 19 février 1856, Dall., 56. 1. 103.

dant, en l'absence et pour le compte d'un confrère, quand les honoraires sont exagérés ou purement accidentels, comme provenant d'une clientèle de passage, quand, sous la rubrique d'honoraires, un avoué a fait figurer les droits de plaidoirie, les frais de correspondance, les frais de voyage relatifs à une affaire (1).

Il y a également lieu à réduction :

Quand, pour faire croire à un plus grand nombre de numéros, des actes ont été dédoublés sans nécessité sur les répertoires (2).

Quand le cédant a fait une fausse déclaration sur le chiffre de ses recouvrements et trompé, par suite, l'État et le cessionnaire, sur le fonds de roulement nécessaire à la gestion de l'office (3).

Dans ces divers cas, le cessionnaire aurait pu, par une inspection plus attentive des répertoires et des registres, s'apercevoir de l'exagération des produits de l'étude, il n'était donc pas recevable à proposer l'action en réduction des articles 1641 et suivants du Code civil. Mais les majorations contenues dans les états de produits ayant entraîné une fixation exagérée du prix de cession, la jurisprudence a prononcé, au nom de l'ordre

---

(1) Agen, 23 août 1882, Dall., *Suppl. au Répert.*, *Office*, n° 63, note 1 ; Lyon, 1er mars 1888, Dall., 89. 1. 471 ; Douai, 24 mars 1890, Dall., 91. 1. 262 ; Douai, 1er décembre 1873, Dall., *Suppl. Répert.*, *Office*, n° 62, note 1.

(2) Orléans, 31 mars 1855, Dall., 55. 2. 225 ; Douai, 24 mars 1890, Dall., 91. 2. 262.

(3) Req., 7 décembre 1885, Dall., 86. 1. 16.

public, la réduction du prix et la nullité partielle du traité comme entaché de dol envers l'autorité.

Le principe est tellement absolu que la réduction a lieu, même si le cessionnaire a participé à la fraude et s'est concerté avec le cédant, pour majorer les produits de l'office (1).

L'action en réduction pour fraude à l'État et l'action en nullité des contre-lettres ne sont pas cependant de tous points assimilables : la première ne peut être intentée avec succès, qu'autant que les inexactitudes et les majorations de produits ont été la cause de l'exagération du prix. Si ces majorations ont été sans influence sur le prix de cession, l'action en réduction n'est pas admise (2). La deuxième, au contraire, est toujours recevable, par cela seul qu'il y a eu une dérogation quelconque, au traité ostensible, même si cette dérogation avait pour objet de diminuer le prix de l'office. Il y a à ce point de vue une différence considérable entre les deux actions.

L'action en réduction est rejetée, quand l'exagération des états de produits résulte d'une perception d'honoraires illicite, mais qui, suivant l'opinion commune au moment du traité, était considérée comme légale (3).

(1) Rouen, 16 avril 1890, Dall., 91. 2. 173 ; Bourges, 19 nov. 1890, Dall., 92. 2. 21 ; Bordeaux, 2 juillet 1894, Defrénois, *Répertoire du notariat*, n° 8906.

(2) Cass. civ., 31 janvier 1853, Dall., 53. 1. 217 ; Req., 10 mars 1857, Dall., 57. 1. 214 ; Req., 24 avril 1872, Dall., 72. 1. 409 ; Req., 24 février 1896, *Journal du notariat*, 1896, p. 263.

(3) Bourges, 28 janvier 1853, Dall., 53. 2. 1.

On ne doit pas admettre non plus l'action en réduction, quand les produits ayant été justement évalués au
moment de la cession, l'office a baissé ensuite de valeur par la faute du cessionnaire. Ainsi, quand la baisse
des produits et la diminution de valeur d'un office résultent de ce que la clientèle s'est éloignée, parce que, le
cédant étant malade, le cessionnaire a négligé de prêter
serment et de poursuivre son installation sans retard,
celui-ci n'est pas admis à demander une réduction du
prix de cession (1).

L'action en réduction pour fraude à l'État n'a pas fait
disparaître l'action en réduction basée sur l'article 1641
du Code civil. Elles ont une existence parallèle et s'exercent chacune dans leur sphère propre. La première,
nous l'avons vu, suppose une majoration des produits
et une exagération du prix de l'office. Mais si, malgré
des états de produits exagérés, le prix de cession n'a pas
dépassé le taux admis par la Chancellerie, la première
action n'a plus de raison pour s'exercer. L'ordre public,
en effet, n'est plus engagé et la demande en réduction
devient une pure question d'intérêt privé. On rentre
alors dans le droit commun, et l'action en réduction pour
vices rédhibitoires, avec ses exigences et ses conditions
spéciales, peut seule être admise. Tel est le cas où l'office subit une dépréciation par suite de la déconfiture
du cédant, découverte après l'entrée en fonction du ces-

(1) Rouen, 7 juillet 1846, Dall., 46. 2. 205.

sionnaire. Celui-ci n'est admis à s'en prévaloir, qu'autant que l'insolvabilité du cédant était cachée au moment de la cession et qu'il l'a personnellement ignorée, c'est-à-dire qu'aux conditions des articles 1641 et suivants du Code civil.

Ces deux actions en réduction diffèrent donc profondément dans leur nature et leurs conditions d'exercice. Elles ont cependant un trait commun, c'est que « ni l'une ni l'autre ne peuvent se concevoir, si la véritable situation des choses, révélée en temps utile, n'eût pas mis obstacle à la conclusion ou à l'approbation du traité, et si par conséquent, il n'y a pas, au moment où l'action est intentée, possibilité d'une réduction du prix (1) ».

L'action en réduction pour fraude à l'État a un caractère d'ordre public, et la nullité qui frappe les exagérations de prix entachées de dol à l'autorité, est radicale et absolue. De là, toute une série de conséquences analogues à celles qui existent en matière de contre-lettres.

L'action en réduction peut être poursuivie par tous les intéressés, cessionnaire, héritiers, créanciers. Elle est opposable à tout cédant et à ses ayants cause. Spécialement, elle peut être exercée même à l'encontre d'un tiers auquel l'officier démissionnaire a transporté le prix de cession, quand bien même l'acquéreur de l'office a accepté le transport et contracté une véritable

(1) Perriquet, n° 385, p. 344.

obligation à l'égard du cessionnaire de la créance (1).

La nullité ne peut pas être couverte par une ratification tacite ou expresse, telle par exemple qu'un paiement ou une renonciation. Le cessionnaire est en droit
de répéter les sommes payées et de poursuivre la réduction du prix, malgré son désistement ou sa renonciation (2).

La transaction et le compromis sur l'action en réduction sont nuls et sans effet, et le cessionnaire est toujours libre de porter l'affaire devant les tribunaux. On
ne peut pas transiger ou compromettre en effet sur des
matières contraires à l'ordre public (3).

L'action en réduction pour fraude à l'État n'est pas
régie par l'article 1648 du Code civil, applicable seulement en cas de vices rédhibitoires ; le cessionnaire n'est
donc pas tenu de l'intenter dans un bref délai.

Elle n'est pas soumise non plus à la prescription de
dix ans établie par l'article 1304 du Code civil. Cette
courte prescription est basée sur une présomption de
ratification tacite qui n'est pas admise pour les nullités
d'ordre public.

L'action en réduction pour fraude à l'État s'éteint

---

(1) Douai, 17 février 1896, Defrénois, *Répert. du notariat*, année
1896, n° 8038.

(2) Bourges, 28 mai 1853, Dall., 53.2.1. — Orléans, 31 mars 1855,
Dall., 55.2.225.

(3) Req., 6 décembre 1852, Dall., 53.1.118. — Bourges, 19 novembre 1890, Dall., 92.2.21. — Cass., 30 juillet 1850, Dall., 50.1.217.

seulement par la prescription de trente ans (1), mais,
comme en matière de contre-lettres, la nullité partielle du traité ostensible peut être opposée indéfiniment par voie d'exception, conformément à la maxime : *Quæ temporalia sunt ad agendum, perpetua sunt ad
excipiendum.*

La réduction porte non seulement sur le capital stipulé dans le traité ostensible, mais elle comprend aussi
les intérêts. Ces intérêts courent du jour de la cession
et non du jour de la demande en justice ; ceux qui ont
été versés aux mains de l'officier démissionnaire, constituent, depuis la date de leur réception, des capitaux
qui portent eux-mêmes intérêts et dont le cédant doit
restitution au cessionnaire (2). C'est l'exacte application
des règles admises en matière de contre-lettres.

On voit par ce qui précède combien sont rigoureuses
les règles qui régissent l'action en réduction de prix
pour fraude à l'État. Elles exposent le cédant à un recours pendant trente ans, de la part du cessionnaire, à
la restitution du capital, des intérêts, et des intérêts
des intérêts, enfin elles excluent tout moyen de ratification expresse ou tacite. Ce sont là de graves menaces
suspendues sur la tête des officiers ministériels, et de
nature à troubler profondément les relations entre cé-

---

(1) Bourges, 28 janvier 1853, Dall., 53.2.1. — Colmar, 22 août
1860, Dall., *Répert.*, *Office*, n° 302.

(2) Orléans, 17 août 1853, Dall., 53.2.194 ; Req., 19 février 1856,
Dall., 56.1.103. — Bourges, 18 novembre 1890, Dall., 92.2.21.

dant et cessionnaire. Les offices, en effet, sont une nature de biens dont la valeur est un peu aléatoire et toujours difficile à fixer d'une manière exacte. Les produits
de la charge sont en raison directe de l'activité, de la
capacité, et aussi de l'ancienneté du titulaire, une simple transmission de l'office suffit parfois à amener une
dépréciation considérable. Dans ces conditions, accorder une action en réduction pendant trente ans au cessionnaire, c'est ouvrir la porte à des procès nombreux
et difficiles à trancher, c'est rendre instable pendant
un long délai la fortune des vendeurs d'office, c'est faciliter parfois les calculs frauduleux du cessionnaire.

Il faut reconnaître, cependant, que l'action en réduction pour fraude à l'État a été le complément nécessaire
de l'action en nullité des contre-lettres : sans elle, on
eût abouti indirectement par la majoration des produits
à l'exagération du prix de cession. Seulement, il est re-
grettable que ces deux moyens de répression de la fraude,
nullité des contre-lettres et action en réduction du prix,
aient été introduits dans la législation par la jurisprudence et non par une loi. Le législateur aurait pu mettre
des conditions plus étroites à leur exercice, tempérer
leurs effets, abréger leur durée, en un mot, modérer ce
qu'il y a d'excessif dans ces deux actions.

Quoi qu'il en soit, dans l'état actuel de la législation,
les conséquences rigoureuses de l'action en réduction
pour fraude à l'État sont parfaitement juridiques, puis-

que ce sont celles qui découlent de toutes les nullités d'ordre public (1).

L'action en réduction nécessite une nouvelle évaluation de l'office. Cette évaluation est faite par les tribunaux, qui confient généralement à des experts le soin d'établir le chiffre réel des produits au moment de la cession.

Ces experts peuvent prendre pour base de leur appréciation le tarif des honoraires en usage dans l'arrondissement où est situé l'office. Il a été jugé cependant que le cessionnaire d'un office, en raison du secret dû aux actes notariés, n'était pas recevable à demander que la majoration des produits fût établie par la voie de l'expertise (2).

Dans leur évaluation de l'office, les juges ne sont pas liés par le taux de cession admis par la Chancellerie, ils statuent en toute liberté et indépendance. Dans ces conditions, la réduction de prix est généralement proportionnelle à la diminution des produits de l'office (3).

Ils peuvent légitimement faire figurer, dans le prix sujet à réduction, les sommes remises par le cessionnaire, à titre de pot-de-vin ou de cadeau, à la femme du cédant ou à un membre de sa famille (4).

---

(1) Voy. Dall., *Répert.*, *Office*, n° 303. — Perriquet, n° 388.

(2) Caen, 1er décembre 1894, Defrénois, *Répertoire du notariat*, n° 8449.

(3) Bordeaux, 2 juillet 1894, Defrénois, *Répertoire du notariat*, année 1896, n° 8906.

(4) Paris, 24 janvier 1863, Dall., 63. 2. 100.

Lorsqu'un officier ministériel a été destitué, le successeur désigné par le gouvernement peut-il demander la réduction de l'indemnité mise à sa charge par le décret de nomination en invoquant, soit le préjudice causé à l'étude par la faillite ou la déconfiture du titulaire, soit l'exagération des produits ? La jurisprudence a jugé avec raison que cette demande n'était pas recevable. Il est à présumer qu'en pareil cas, le gouvernement a fixé avec sagesse et modération l'indemnité imposée. Mais eût-il même commis une erreur d'appréciation, qu'on devrait rejeter la demande. La nomination du nouvel officier est un acte administratif et unilatéral, il n'y a pas eu contrat librement débattu entre le candidat et l'administration, c'est l'État qui l'a investi de ces fonctions. En pareil cas, la jurisprudence et la Chancellerie considèrent qu'il n'y a ni vente ni prix. Le titulaire n'est donc pas fondé à invoquer l'action en réduction basée sur l'article 1641, applicable seulement aux vices cachés en matière de vente (1). « D'où ce résultat singulier, dit M. Perriquet, que l'officier ministériel destitué peut, grâce aux méfaits qui ont entraîné sa déchéance, et qui motivent en droit la privation de son office, se trouver, en fait, dispensé de répondre aux réclamations fondées sur le droit commun (2) ».

---

(1) Toulouse, 14 septembre 1853, Dall., 54. 2. 62 ; Req., 5 février 1855, Dall., 55. 1. 17.

(2) Perriquet, n° 390, p. 348. Voy. aussi Dall., *Répert.*, *Office*, n° 312.

L'action en réduction est cependant recevable, lorsqu'un officier ministériel, après avoir cédé son office, est révoqué et remplacé, aux mêmes prix et conditions, par le cessionnaire avec qui il avait précédemment traité. Dans ce cas spécial, la jurisprudence a autorisé la réduction de l'indemnité fixée et mise à la charge du nouveau titulaire. Elle a considéré que cette indemnité, étant fixée sur les bases mêmes portées au traité, équivalait à un véritable prix de cession (1).

Outre l'action en réduction, l'exagération du prix peut encore avoir d'autres conséquences. Le cédant peut être poursuivi pour escroquerie, quand il a trompé le cessionnaire à l'aide de manœuvres frauduleuses sur la véritable valeur de l'office (2).

Si, dans ce but, il a falsifié les pièces, registres et répertoires de l'office, il est passible d'une peine, quand bien même ces pièces n'auraient pas été produites à la Chancellerie. La loi punit aussi bien la tentative de délit que le délit lui-même (3).

Nous avons supposé jusqu'ici que le vice rédhibitoire, cause de l'action en réduction, a été découvert après la nomination du cessionnaire, mais si celui-ci vient à en avoir connaissance avant cette époque, peut-il demander aux tribunaux de prononcer la nullité du

(1) Paris, 24 février 1845, Dall., 45.2.71.
(2) Crim. rej., 13 août 1842, Dall.,47.4.235,
(3) Crim. rej., 18 février 1865, Dall., 65.1.146.

traité ? L'affirmative est généralement admise, quand la
dépréciation provient de vices cachés, tels que manque-
ments aux devoirs professionnels, faillite ou déconfiture
du cédant. Mais, s'il y a simplement exagération du
prix résultant d'une majoration des produits, l'action
en nullité est-elle encore recevable ? La question est
discutée. Un arrêt récent de la Cour d'Agen a rejeté une
demande introduite dans ces conditions. Cet arrêt déclare que « les tribunaux ordinaires sont sans droit
pour modifier les conventions des parties et imposer
des réductions de prix, tant que ce prix n'a pas été
déterminé, et la transmission de l'office opérée par un
décret du gouvernement, que jusque là, on ne saurait
soutenir que l'exagération du prix, amenée par la majoration des produits, constitue « une fraude à l'État »
entraînant une nullité d'ordre public ou une réduction
de prix....., qu'il est difficile de dire qu'il a été trompé,
alors qu'aucune atteinte n'a été portée au droit qu'il
conserve tout entier, de rejeter purement et simplement
le traité ou de modifier, comme il lui convient, les
clauses de ce traité » (1).

Cette argumentation nous paraît juste. Jusqu'à l'approbation du gouvernement, le traité n'est qu'un projet
susceptible de modifications. Le cessionnaire doit donc
signaler l'exagération du prix à la Chancellerie, qui

_____

(1) Agen, 15 février 1889, Dall., 90.2.45. — Voy. aussi Dalloz,
Suppl. au Répert., vº *Office*, nº 67. — Perriquet, p. 335, nº 377.

seule a qualité, à ce moment, pour réaliser les réductions de prix nécessaires.

SECTION II. — Obligations du cessionnaire.

Le cessionnaire d'un office ministériel est tenu de diverses obligations :

Il doit d'abord faire les diligences nécessaires pour obtenir sa nomination. S'il néglige ou refuse de se faire nommer, il ne peut pas y être contraint par jugement ; le cédant ne peut pas non plus poursuivre sur lui la vente de l'office. Le cessionnaire est seulement passible de dommages-intérêts. Ces dommages-intérêts peuvent être fixés par le traité de cession (1).

Le simple retard apporté par le cessionnaire à poursuivre sa nomination est une cause de dommages-intérêts, quand il en est résulté un préjudice sérieux pour le cédant. Le cas a été soumis à la jurisprudence à l'occasion d'une cession d'office consentie après le décès du titulaire : le candidat avait mis du retard à poursuivre sa nomination, puis avait été refusé par l'administration. Dans l'intervalle, une partie de la clientèle s'était détournée de l'étude. Le cessionnaire a été déclaré responsable de la perte causée par une vacance trop

---

(1) Lyon, 5 juillet 1849, Dall., 50. 2. 106 ; — 22 mars 1850, Dall., 50. 2. 105.

prolongée de l'office, et condamné à des dommages-intérêts (1).

On s'est demandé, à ce propos, pendant combien de temps le traité était exécutoire après la démission du cédant.

Dans l'ancien droit, la résignation non suivie de la délivrance des lettres de provision était déclarée caduque au bout d'un an : le résignant était présumé avoir changé de volonté après l'expiration de ce délai.

Cette règle n'est plus admise aujourd'hui. Le cessionnaire échappe à toute déchéance. En principe, le cédant est donc lié par sa démission d'une façon perpétuelle. En fait, suivant le temps écoulé et les circonstances, la démission peut être considérée comme « retirée d'un commun consentement » (2).

Le cédant a également le droit, en présence de l'inaction du cessionnaire, de demander la résolution du traité pour inexécution des engagements contractés. Jusqu'au décret de nomination, le traité est soumis aux causes générales de résolution admises par le droit commun (art. 1184, C. civ.).

Si le cessionnaire, malgré toutes ses démarches, est refusé par la Chancellerie, peut-il être actionné en dommages-intérêts? C'est une question de fait à examiner. Si le rejet de sa candidature tient à des causes personnelles, telles que le défaut d'âge requis, un stage incom-

---

(1) Nancy, 10 novembre 1853, Dall., 54. 5. 518.
(2) Dalloz, *Répert.*, *Office*, n° 157.

plet, une mauvaise moralité, il est en faute d'avoir ignoré
ou laissé ignorer au cédant son inaptitude profession-
nelle. Par suite, il est passible de dommages-intérêts à
évaluer par les tribunaux (1).

Quand le cessionnaire a été nommé, il doit poursuivre son installation, ce qui comprend deux obligations :
celle de verser son cautionnement, et ensuite celle de
prêter serment.

Les notaires sont tenus de prêter serment dans les
deux mois de leur nomination (Loi du 25 ventôse an XI,
art. 47). Pour les autres officiers ministériels, il n'y a
pas de délais fixés par une loi. On suit les usages établis
à cet égard.

Le délai peut être prolongé, même pour les notaires,
si cette mesure est reconnue nécessaire (2).

Jusqu'à la prestation de serment, la propriété de l'office réside sur la tête du cédant. Si donc le candidat
nommé meurt, avant d'avoir rempli cette formalité, ses
héritiers n'ont pas le droit de céder l'office et de présenter un successeur. Certaines instructions ministérielles (14 mars 1840, 1er avril 1854) accordaient, à un
moment donné, le droit de présentation aux héritiers du
cessionnaire décédé avant d'avoir prêté serment. La
Chancellerie, depuis lors, a abandonné cette solution et
rétabli sa première jurisprudence. Aujourd'hui en pareil

---

(1) Angers, 16 décembre 1840, Dall., 41. 2. 48. — Perriquet, n° 397.
(2) Décis. minist., 29 mai 1837.

cas, le cédant a seul qualité pour présenter un successeur (1).

L'impossibilité ou le refus de prêter serment rendent
donc la nomination nulle et non avenue. Si la déchéance
encourue de ce chef par le cessionnaire résulte de sa
négligence ou de sa mauvaise volonté, il est passible de
dommages-intérêts. Le décès du cessionnaire n'est pas
toujours un cas de force majeure, suffisant pour exoné-
rer les héritiers de tout paiement de dommages-intérêts. Ils sont tenus de réparer le préjudice causé, quand
un long délai s'est écoulé entre la nomination et le décès du cessionnaire. Dans cet intervalle, il aurait pu,
s'il eût été moins négligent, satisfaire à l'obligation de
prêter serment.

Enfin la dernière obligation du cessionnaire, c'est de
payer le prix de cession.

Nous avons vu, au cours de cette étude, en quoi con-
sistait le prix de cession et sur quelles bases il était
fixé. Nous avons vu également que le cessionnaire était
tenu de payer seulement le prix ostensible, la stipulation
d'un prix secret étant formellement prohibée par la jurisprudence et l'administration.

Il nous reste à examiner quelles garanties assurent
au cédant le paiement du prix de cession. C'est ce que
nous nous proposons de faire dans le chapitre suivant,
consacré à l'étude du privilège du cédant sur le prix de
cession.

_____

(1) Greffier, *Cessions*, 4e édit., p. 80.

Notons en terminant que le cédant ne peut plus imposer au cessionnaire l'obligation de transmettre l'office à son fils ou à un tiers, au bout d'une certaine époque. La présentation d'un confidentiaire ou intérimaire, admise par l'ancien droit, est rejetée aujourd'hui par l'administration. Celle-ci écarte avec raison toutes les dispositions qui tendent à restreindre la liberté d'action du titulaire et peuvent devenir une source de procès.

Pour éviter le contrôle de la Chancellerie, les parties insèrent parfois cette condition dans une contre-lettre. Dans ce cas, la stipulation est doublement frappée de nullité, puisque la disposition en elle-même n'est pas valable et que toute contre-lettre est réputée nulle et inexistante. Le cessionnaire qui refuse d'exécuter cette condition n'est donc pas tenu au paiement de dommages-intérêts (1).

(1) Voy. Dall., *Répert.*, *Office*, nº 159 ; Perriquet, p. 370, nº 419.

CHAPITRE V

DU PRIVILÈGE DU CÉDANT.

§ 1. — Existence et conditions d'exercice du privilège.

La cession d'un office n'a jamais lieu au comptant.
La clause « payé comptant » est exclue du traité par la
Chancellerie et le prix est payable au plus tôt après la
prestation de serment. A ce moment, le cessionnaire
est pleinement investi de l'office et le cédant n'a aucun
moyen d'en recouvrer la possession. L'action résolutoire de l'article 1654 du Code civil, nous l'avons vu,
n'est pas admise en matière de cession d'office. Le cédant n'a ni le droit de rétention de l'article 1612 du Code
civil, ni le droit de revendication de l'article 2102, qui
supposent tous les deux une vente faite sans terme, il
n'a même pas le droit de faire saisir et vendre l'office
aux enchères. Dans cette situation, on se demande de
quelles garanties jouit l'officier démissionnaire : a-t-il
au moins un privilège sur le prix de revente amiable ?

L'article 2102-4° du Code civil porte : « *Les créances
privilégiées sur certains meubles sont* : ...4° *Le prix d'effets mobiliers non payés, s'ils sont encore en la possession du débiteur, soit qu'il ait acheté à terme ou sans
terme* ».

Toute la question est de savoir, si le contrat de cession d'office constitue une vente, et si l'office rentre dans la dénomination générale d'effets mobiliers. Nous avons résolu ces deux points d'une façon affirmative dans notre premier chapitre. Mais peut-on dire que l'expression « effets mobiliers » contenue dans l'article 2102-4°, s'applique aux meubles incorporels, tels que les offices ? Certains arrêts l'ont nié : « *Considérant, dit un arrêt de la Cour de Paris du* 16 *mai* 1825 (Sirey, 25.2.391), *que l'expression « effets mobiliers » doit s'interpréter par les dispositions générales du dit article* (2102), *et qu'il est manifeste, notamment par la rubrique du titre sous lequel cet article est placé, que le législateur n'a entendu parler que des meubles corporels* » (1).

La Cour de cassation a refusé de s'associer à cette doctrine et a cassé l'arrêt précité (Cass., 28 novembre 1827, Sirey, 28.1.12).

L'expression « *effets mobiliers* » de l'article 2102, § 4, trouve son explication naturelle dans l'article 535 du Code civil ainsi conçu : « *L'expression « effets mobiliers » comprend généralement tout ce qui est censé meubles d'après les règles ci-dessus établies* ». L'article 529, énumérant les meubles par détermination de la loi, ne parle pas des offices, mais à l'époque où cet article a été rédigé, les offices n'avaient pas encore d'existence légale. L'énumération de l'article 529 n'est du reste pas limi-

(1) Dans le même sens: Paris, 26 novembre 1833, Sirey, 33.2.596.

tative, elle est simplement énonciative. L'office étant
incontestablement un bien meuble doit, aux termes de
l'article 535, être compris dans la dénomination générale d'*effets mobiliers*.

La vérité oblige à reconnaître cependant que les mots
« *effets mobiliers* » ne répondent pas toujours dans le
Code à la définition de l'article 535. Dans les article 1606
et 1607 du Code civil et dans l'article 529 lui-même, le
législateur oppose les effets mobiliers aux meubles incorporels. Néanmoins la doctrine et la grande majorité
des arrêts ont repoussé cette distinction : le vendeur de
meubles corporels et le vendeur de meubles incorporels « sont également dignes de protection », la qualité
de leur créance est la même ; ils doivent en l'absence
d'une restriction formelle bénéficier tous les deux du
même privilège (1).

Cette difficulté résolue, une autre plus grave s'est
élevée. Aux termes de l'article 2102, le privilège n'existe
que si les effets mobiliers « *sont encore en la possession
du débiteur...* ». La loi subordonne, dit-on, l'exercice du
privilège à la durée de la possession du débiteur. Dès
que les effets mobiliers sont sortis de son patrimoine

---

(1) La doctrine et la jurisprudence sont en ce sens. Voy. notamment : Pont, *Des privil. et hypoth.*, t. 1, n° 147 ; Aubry et Rau, *Cours
de dr. civ. français*, t. 3, § 261 ; Dalloz, *Répert. de législ.*, r° *Office*,
n° 316. — Orléans, 12 mai 1829, Dall., 29. 2. 196 ; Lyon, 9 février
1830, Dall., 30. 2. 144 ; Req., 16 février 1831, Dall., 31. 1. 54 ;
Paris, 11 décembre 1834, Dall., 35. 2. 74. — *Contrà*, Mourlon, *Examen critique du commentaire de M. Troplong sur les privil. et hypoth.*,
n° 123.

par une revente, la garantie s'évanouit avec l'objet et le
privilège ne peut plus s'exercer. Pour parer à cette éven-
tualité, le cédant non payé doit, avant toute revente,
opérer des actes conservatoires de son privilège, sinon,
après la nomination et la prestation de serment du tiers
acquéreur de l'office, il est déchu de tout privilège sur
le prix.

Ce système, formulé par la Cour de Rouen dans un
arrêt du 16 avril 1830 (Dall., *Répert.*, vº *Office*, nº 316,
note 1), a été reproduit d'une façon plus radicale encore
par la Cour de Nancy en ces termes :

. « Attendu que l'article 2102-4°, qui sanctionne ce
privilège, se combine avec le principe de l'article 2279,
en subordonne la durée à celle de la possession par le
débiteur ; que si la chose vendue est passée en d'autres
mains, le nouvel acheteur la possède libre du privilège
dont elle était grevée ; que vainement on voudrait alors
faire revivre sur le prix de la revente le premier privilège du vendeur ; que s'il est incontestable que la préférence sur le prix n'est qu'un effet du droit sur la chose,
il faut dire que, quand ce droit s'est évanoui, il n'y a plus
de préférence possible sur le prix, parce qu'il n'y a pas
d'effet sans cause » (Nancy, 2 mars 1850, Dall., 50. 2.
122).

Cet arrêt, dont les considérants sont dangereux pour
tous les vendeurs d'effets mobiliers, a des conséquences
plus particulièrement graves pour le vendeur d'office ;
il anéantit le privilège du cédant en le mettant, comme

nous le verrons, dans l'impossibilité de l'exercer. L'objection mérite donc d'être sérieusement examinée.

Évidemment le texte de la loi est peu favorable au privilège du cédant. Les rédacteurs de l'article 2102, il faut le reconnaître, ne pouvaient guère songer à la cession des offices qui n'était pas en l'an XII rétablie par une loi. Cependant, entendue dans son véritable sens, la disposition que nous étudions se plie sans trop d'effort aux situations juridiques dérivées du contrat de cession d'office. L'interprétation donnée par la Cour de Nancy, nous paraît méconnaître et l'esprit de la loi et les conditions d'exercice de tout privilège.

En insérant dans le texte de l'article 2102-4° les mots, *s'ils sont encore en la possession du débiteur*, le législateur s'est préoccupé d'une façon générale d'assurer la sécurité et la rapidité des ventes d'objets mobiliers. Il a voulu que le tiers acquéreur d'un objet mobilier ne soit pas troublé dans sa possession par les réclamations d'un vendeur impayé, pourvu bien entendu qu'il soit de bonne foi (C. civ., 1441). Son but aussi a été de faciliter les opérations commerciales, en dispensant le tiers acquéreur de faire des recherches sur l'origine et le paiement de l'objet acquis. La disposition précitée dérive d'un principe qui domine tout notre droit : *Les meubles n'ont pas de suite par privilège ou hypothèque.*

Un privilège sur un effet mobilier confère donc à l'ayant droit un simple droit de préférence, lequel ne peut s'exercer que sur le prix provenant d'une revente de la chose. Le fait que l'objet vendu est passé en d'autres mains n'éteint pas le privilège, mais constitue une condition indispensable à son exercice. Tant que l'acheteur-revendeur reste créancier du prix, il doit être considéré comme en possession de la chose elle-même et le privilège peut librement s'exercer. L'article 2102 n'est pas susceptible sur ce point d'une interprétation littérale, sous peine d'aboutir à un non-sens et à une impossibilité.

Les partisans de l'opinion contraire admettent, il est vrai, qu'un privilège s'analyse toujours en un droit de préférence sur un prix, mais ils nient que le privilège puisse être transporté ainsi de la chose sur le prix sans certaines formalités préalables. Selon eux, des mesures d'exécution doivent en précéder nécessairement l'exercice. Le créancier doit faire saisir entre les mains du débiteur l'objet non revendu ou tout au moins non livré. La saisie sera suivie d'une vente aux enchères publiques opérée, soit à la requête du créancier saisissant, soit d'un administrateur, syndic, curateur, héritier bénéficiaire agissant pour le compte des créanciers. C'est sur ce prix ainsi déterminé d'une façon loyale et sincère, que le créancier vendeur pourra seulement exercer son privilège (1).

Dans ce système, le privilège n'existe jamais sur le

____

(1) En ce sens : Valette, *Privil. et hypoth.*, n° 86. — Martou, *Privil. et hyp.*, tome II, n° 475. — Persil, *Comment. sur l'article* 2102, § 4, n° 1.

prix d'une vente amiable. C'est la négation même des droits du cédant, puisque les offices ne sont susceptibles ni de saisie ni de vente aux enchères publiques. Son privilège s'évanouit au moment même où il peut s'exercer.

Ce système nous paraît manquer de fondement. Il a été imaginé pour concilier la nécessité d'une revente avec le texte de la loi. On ne voit pas trop comment une saisie peut autoriser le créancier à transporter l'exercice de son privilège de la chose sur le prix. La saisie est une voie d'exécution commune à tous les créanciers, elle ne réalise pas l'exercice du droit de préférence qui est l'âme du privilège et ne peut s'exercer que sur un prix. Or, à ce moment, l'objet n'est plus en la possession du débiteur, il est sorti de son patrimoine par une revente aux enchères publiques. Ici encore le résultat est en contradiction avec l'interprétation littérale du texte.

Ce système fait du reste la loi au lieu de l'interpréter. L'article 2102-4° n'exige ni saisie ni vente judiciaire, et nulle part, la loi ne proscrit l'exercice du privilège sur le prix d'une vente amiable. Les créanciers privilégiés ou hypothécaires, inscrits sur un immeuble, font valoir leurs droits, aussi bien sur le prix d'une vente amiable que d'une vente aux enchères. La même règle doit s'appliquer en matière mobilière. Nous en avons une preuve dans l'article 95 du Code de commerce, qui autorise le commissionnaire en marchandises à se payer par privilège sur le prix des marchandises par lui vendues.

En résumé, la loi n'exige ni une possession réelle des

objets vendus au moment où s'exerce le privilège, ce qui serait impossible, ni une saisie préalable à la revente. Tout ce qu'elle a voulu c'est assurer une jouissance paisible aux tiers acquéreurs et une possession définitive. Le privilège subsiste donc sur le prix de revente, tant que ce prix reste impayé ou conserve une existence distincte du patrimoine de l'acheteur-revendeur, en cas de versement à la Caisse des dépôts et consignations par exemple (1). Les droits du tiers acquéreur étant respectés, il est juste et conforme à l'esprit de la loi de distribuer au cédant le prix d'une chose qu'il a mise dans le patrimoine du cessionnaire. Le prix est considéré ici comme la représentation de la chose elle-même : *Pretium succedit loco rei* (2).

§ 2. — Reventes successives de l'office.

Le vendeur d'office a-t-il privilège sur le prix des reventes successives ?

Peut-il dire au dernier cessionnaire : « L'article 2102

---

(1) Cass. rej., 30 août 1854, Dall., 54. 1. 286.

(2) La doctrine et la jurisprudence sont fixées en ce sens. V. notamment : Morin, *Discipline*, n° 483 ; Pont, *Traité des priv. et hyp.*, n° 149 ; Aubry et Rau, 4e édit., § 261, note 60 ; Dalloz, *Répert. de législat.*, r° *Office*, n° 318 ; Perriquet, *op. cit.*, p. 447 et 448. — Arrêts de la C. de cassat., 23 janvier 1843, Dall., 43. 1. 154. — 13 juin 1853, Dall., 53. 1. 183 ; Req., 20 janvier 1857, Dall., 57. 1. 309. — 20 juin 1860, Dall., 60. 1. 262. — Voir également : Henry, *Du privilège sur le prix de cession des offices*, p. 15 et suiv. ; Eug. Durand, *Des offices*, n° 244.

me défend d'inquiéter votre possession ; je ne veux nulle-
lement vous déposséder ; mais vous êtes débiteur d'un
prix. Je fais une saisie-arrêt sur ce prix, non point du
chef de mon acquéreur immédiat et des anciens titulaires, intermédiaires entre vous et moi, dont certains peuvent être désintéressés ; je n'agis pas en vertu de l'article 1166 du Code civil, mais bien en mon propre et
privé nom. L'article 2102 n'est rien de plus qu'une application de l'article 2279, protecteur du tiers acquéreur
de bonne foi. Les intérêts d'un tiers acquéreur ne sont
pas ici en jeu. Le prix que vous êtes tenu de payer est,
jusqu'à concurrence de celui qui m'est dû, le prix de
ma propre chose introduite dans votre patrimoine. Il
n'est pas juste que cette chose enrichisse, à mon détriment, votre vendeur ou ses prédécesseurs qui tiennent
leur droit de moi, leur cédant médiat ou immédiat.
Pour être payé, je n'ai besoin que d'invoquer mon privilège, qui suffit à me conférer directement un droit de
préférence sur le prix (1) ».

La question est délicate et vivement controversée.
M. Valette, se plaçant dans l'hypothèse d'une vente d'objet mobilier corporel, conclut à l'existence du privilège :
« Si nous supposons, dit-il, plusieurs vendeurs successifs d'un meuble corporel, incontestablement le premier
devra être préféré au second, le second au troisième et
ainsi de suite. En effet, chacun des vendeurs a un droit

---

(1) Eugène Durand, *Des offices*, n° 246. — Pont, *Privil. et hypot.*,
n° 130. — Henry, *Du privil. sur le prix de cession des offices*, p. 21.

opposable aux acheteurs subséquents et à leurs créanciers, mais non à ceux qui, avant l'établissement de son droit, avaient déjà un privilège acquis sur le même objet. On peut, à l'appui de cette décision, argumenter par analogie complète de l'article 2103-1°, qui règle l'ordre à établir entre plusieurs vendeurs successifs du même immeuble » (Valette, *Priv. et Hyp.*, n° 116, p. 159).

M. Mourlon, dans son examen critique du commentaire de M. Troplong sur les privilèges et hypothèques, se prononce également en faveur de l'extension du privilège : « Primus a vendu un effet mobilier à Secundus qui l'a revendu à Tertius ; Tertius l'a, à son tour cédé à Quartus ; aucun des vendeurs n'a été payé. Primus a-t-il le droit de venir sur le prix dû par Quartus et de se le faire attribuer, à l'exclusion des autres vendeurs et de leurs créanciers ? J'admets l'affirmative, et j'y arrive par un enchaînement d'idées qui me semblent décisives. Le prix de la dernière revente est dû à Tertius, cessionnaire de Secundus ; celui-ci peut donc le saisir et en obtenir l'attribution par privilège. Or, si Secundus peut l'exiger comme prix de la chose par lui vendue, s'il y a droit en qualité de vendeur, Primus, son cédant, peut l'exiger au même titre et y a droit en la même qualité » (Mourlon, *Priv. et hyp.*, n° 121).

Enfin, on fait valoir en faveur de ce système des considérations d'équité. On fait remarquer que le vendeur d'office est dans une situation très dangereuse. Il ne

peut, ni saisir l'office entre les mains de son débiteur, ni
s'opposer à une revente. Il ne peut même pas insérer
dans le contrat de cession la condition, qu'en cas de
revente, le prix sera payé comptant à son successeur, ce
qui lui permettrait d'exercer son privilège. Cette clause
est rejetée par la Chancellerie. Tout ce que la loi lui
permet pour la conservation de ses droits, c'est de faire
une saisie-arrêt sur le prix dû par le sous-acquéreur ;
encore, celle-ci est impuissante à empêcher une muta-
tion nouvelle. Dans ces conditions, le privilège du vendeur d'office n'est qu'une fiction, si on lui défend de
l'exercer sur le prix de transmissions ultérieures. C'est
une arme souvent inutile, aux mains du cédant, son
efficacité est soumise au bon vouloir du second cessionnaire. En revendant l'office, celui-ci détruit complètement l'effet des mesures conservatoires prises par le
cédant et anéantit son privilège.

Il convient donc d'interpréter le texte de l'article 2102,
§ 4 d'une façon large. La jurisprudence en a fait fléchir
la rigueur, pour reconnaître le privilège du cédant sur
le prix d'une première revente, ce n'est pas suffisant ;
pour être complète, la protection doit s'étendre à toutes
les transmissions ultérieures. Il en est ainsi pour les
ventes d'immeubles : L'article 2103-1° déclare que, « s'il
y a plusieurs ventes successives dont le prix soit dû en
tout ou en partie, le premier vendeur est préféré au second, le second au troisième et ainsi de suite ». On doit
décider de même en matière mobilière : à défaut de

texte précis, le droit commun et l'équité autorisent à admettre l'exercice du privilège sur le prix des reventes successives.

La jurisprudence s'était d'abord prononcée en faveur de ce système. Par deux arrêts (1), elle avait affirmé l'existence du privilège sur le prix des transmissions ultérieures, alors que le premier cédant avait fait tout ce qu'il était en son pouvoir pour conserver ses droits. Les Cours d'appel n'ont pas persisté dans cette manière de voir. Dans une série d'arrêts, elles ont adopté depuis une jurisprudence contraire (2).

En 1860, la Cour de cassation appelée pour la première fois à se prononcer sur cette question, a cassé un arrêt de la Cour de Lyon du 26 mai 1858 (Dall., 60. 1. 377), qui consacrait le principe de l'extension du privilège au prix des cessions ultérieures. La jurisprudence de la Cour suprême est fondée sur ce motif, que l'admission d'un pareil droit constitue une reconnaissance implicite d'un droit de suite sur les meubles, lequel n'existe pas dans notre législation (3).

Cet arrêt nous semble avoir fait une juste application des principes et des textes.

(1) Paris, 23 mai 1838, Sirey, 38. 2. 264. — Caen, 23 juin 1839, Sirey, 40. 2. 73. — Trib. de Cosne, 27 avril 1847, Dalloz, *Répert.*, v° *Office*, n° 324.

(2) Bourges, 1er mars 1844, Dall., 47. 2. 181. — Orléans, 3 juillet 1847, Dall., 47. 2. 181. — Paris, 28 janvier 1854, Dall., 54. 2. 148. 24 mai 1854, Dall., 55. 2. 295.

(3) Cass., 8 août 1860, Dall , 60. 1. 377. V. Diss. Brésilion insérée sous cet arrêt.

Évidemment, la position du cédant non payé est extrêmement défavorable : son privilège risque d'être anéanti par une deuxième revente qu'il ne peut pas empêcher. En bonne équité, il devrait jouir d'un droit de préférence, opposable à tous les vendeurs postérieurs, puisque c'est sa chose qui, en définitive, est venue enrichir leur patrimoine. Cela prouve simplement la nécessité d'une loi, mais n'autorise pas à étendre le privilège du cédant hors des limites assignées par le Code.

Les dispositions de l'article 2103-1° qu'on veut, par analogie, appliquer au cédant sont, à notre avis, spéciales au vendeur d'immeubles. L'explication en paraît simple.

Les privilèges immobiliers confèrent droit de préférence et droit de suite, les privilèges sur les meubles, au contraire, emportent un simple droit de préférence. Ceci étant, le législateur déclare dans l'article 2103, « qu'en cas de ventes successives, le premier vendeur est préféré au second, le second au troisième et ainsi de suite ». Qu'est-ce à dire, sinon que le premier vendeur a sur l'immeuble un droit de suite qu'il peut victorieusement opposer à tous les revendeurs successifs. Son droit de préférence sur le prix dû par le dernier acquéreur n'est qu'une conséquence du principe, que les privilèges immobiliers s'exercent sur les immeubles en quelques mains qu'ils passent, c'est une application du droit de suite. Comment, dès lors, faire bénéficier des dispositions de l'article 2103-1° le vendeur d'objets mobiliers ? Son pri-

vilège lui donne un simple droit de préférence et reste
subordonné à la possession par le débiteur des objets
vendus, ou tout au moins de la créance du prix. Une
même chose ne pouvant être légalement possédée par
plusieurs, si nous supposons plusieurs ventes successives, ni l'effet mobilier vendu, ni la créance du prix ne
sont dans le patrimoine du débiteur du cédant. Dans
cette situation, peut-on admettre que le cédant passe
par dessus la tête des vendeurs postérieurs, pour faire
une saisie-arrêt sur le prix dû par le dernier cessionnaire?
Mais ce serait étendre arbitrairement le champ d'action
de son privilège et lui reconnaître un droit complètement en dehors des textes. On ne voit pas en effet à quel
titre il pourrait l'obliger à se libérer entre ses mains : le
dernier cessionnaire n'est pas le débiteur du cédant, il
n'a pas traité avec lui, il n'est pas tenu non plus *prop-
ter rem*, le droit de suite n'existant pas sur les meubles.
La saisie-arrêt ainsi pratiquée manque de base légale ;
le dernier cessionnaire n'est pas tenu de verser son prix
entre les mains du premier cédant ; il est valablement
libéré par le paiement fait à son vendeur ou aux créanciers de celui-ci. De son chef, le cédant n'a donc ni privilège, ni droit quelconque sur le prix des reventes successives.

Il peut seulement exercer les droits de son débiteur,
conformément à l'article 1166 du Code civil. Sa situation dans ce cas est simple. Supposons la transmission
successive d'un office de Primus à Secundus, de Secun-

dus à Tertius, de Tertius à Quartus, sans qu'aucun des cessionnaires se soit intégralement libéré. Primus, agissant du chef de son débiteur Secundus, pourra incontestablement pratiquer une saisie-arrêt sur le prix dû par Quartus à Tertius, mais la créance saisie ne lui sera pas attribuée en privilège. Elle n'est pas en possession de son débiteur, elle est dans le patrimoine de Tertius, second cessionnaire. Il viendra donc sur ce prix, au marc le franc avec les créanciers de Secundus, parce qu'en exerçant ses droits, il a agi en quelque sorte pour le compte de la masse et fait l'affaire commune (1).

§ 3. — Faillite du titulaire.

Les officiers ministériels sont frappés d'une prohibition générale de faire du commerce. Exception est faite pour les agents de change et les courtiers qui peuvent se livrer à des opérations commerciales, mais seulement pour le compte d'autrui. Cette sage défense est fondée sur la nécessité d'assurer la dignité, l'indépendance et la solvabilité des officiers, et d'empêcher des malversations et des catastrophes ruineuses pour les intérêts qui leur sont confiés.

L'officier ministériel qui, au mépris de cette prohibition formelle, se livre habituellement à des actes de

---

(1) En ce sens : Aubry et Rau, 4e édit., tome III, § 264 et note 68. — Dalloz, *Répert.*, r° *Office*, n° 323. — Perriquet, *op. cit.*, p. 467. — Henry, *op. cit.*, p. 24, et les arrêts cités ci-dessus.

commerce, peut être déclaré en faillite. Dans ce cas, le privilège du cédant continue-t-il de subsister ? L'affirmative était généralement admise avant la loi du 23 mai 1838 qui a modifié le régime des faillites. On ne saurait, disait-on à cette époque, soumettre à la même règle le vendeur d'un fonds de commerce et le vendeur d'office. Les tiers qui ont traité avec le premier « sur la foi d'éléments extérieurs de solvabilité » (1) ont accompli un acte régulier et licite, ils ont pu légitimement compter comme leur gage tous les biens mobiliers apparents du débiteur ; « l'exercice d'un privilège occulte comme celui du vendeur d'un fonds de commerce (2) » réduirait injustement leurs droits. Tout autre est la situation des tiers qui nouent des relations commerciales avec le titulaire d'un office. Ils n'ignorent pas que l'officier ministériel commerçant agit en violation de règlements formels et s'expose à une grave catastrophe. Loin d'être un élément de crédit, sa qualité de propriétaire d'office doit plutôt dissuader les tiers d'engager avec lui des opérations commerciales. Ceux qui, malgré ces considérations, se lancent dans cette voie, agissent à leurs risques et périls et se fient à la solvabilité personnelle de l'officier ; ils ne comptent guère sur la valeur de l'office pour assurer l'exécution des engagements contractés. En tout cas, ils sont infiniment moins dignes

(1) Henry, *op. cit.*, p. 27.
(2) Rapport sur la loi du 8 juin 1838 relative aux faillites, V. Dall., *Répert.*, v° *Office*, n° 334.

d'attention que le cédant impayé qui n'a commis aucune faute : la perte qu'ils subissent est le châtiment de leur propre imprudence. Puisqu'il n'y a pas de texte précis, disait-on, la justice exige que le privilège du cédant s'exerce même après la faillite du cessionnaire (1).

Ces raisons ne peuvent plus être invoquées à l'heure actuelle. L'article 550 du Code de commerce, tel qu'il résulte de la loi de 1838 et de celle du 12 février 1872, a dissipé les doutes qui avaient pu s'élever jadis sur la portée du privilège du cédant. Il déclare, en termes généraux, que « le privilège et le droit de revendication, établis par le numéro 4 de l'article 2102 du Code civil, au profit du vendeur d'effets mobiliers, ne peuvent être exercés contre la faillite ». Le texte est net et ne laisse place à aucune équivoque ; ajoutons que les discussions préparatoires de la loi ne sont pas moins concluantes : Une proposition, tendant à établir une distinction en matière de faillite, entre le vendeur de meubles incorporels comme les offices et le vendeur d'objets mobiliers corporels, a été repoussée.

Quelques dissidences cependant se sont produites sur cette question importante : Un auteur a soutenu que le privilège de cession d'office devait encore être admis en matière de faillite (2). Il envisage la situation du cédant,

---

(1) Sur cette argumentation, voir le texte de deux jugements cités dans Dalloz, *Rép. de législ.*, vᵒ *Office*, nᵒ 334.

(2) Esnault, *Faillites*, III, 656. V. également Nîmes, 13 mars 1851, Dall., 51. 2. 9.

au moment du contrat de cession, et considère ses droits,
comme indépendants des changements qui peuvent se
produire dans la situation du cessionnaire. L'idée maî-
tresse de ce système, c'est que du jour de la cession, le
cédant a « un droit acquis » au privilège. Dès lors, la
faillite postérieure du successeur, conséquence d'opérations commerciales « incompatibles » avec ses fonctions,
doit rester sans effet à son égard, puisqu'au moment du
contrat, le cessionnaire n'était pas commerçant (1).

Ce raisonnement n'a pas prévalu ; il est inapplicable
d'abord aux agents de change et aux courtiers qui sont
des commerçants ; d'autre part, il n'est pas vrai de dire
que le privilège du cédant échappe aux éventualités et
aux fluctuations qui atteignent le propriétaire de l'office.
Nous avons vu précédemment que plusieurs transmissions successives de l'office entraînaient l'extinction du
privilège, il doit en être de même dans le cas de faillite.
Admis à jouir des bénéfices du droit commun, le cédant
doit subir les restrictions qui s'y rattachent : le privilège du cédant dérivant de l'article 2102, § 4, ne peut
nécessairement s'exercer que dans les limites tracées
par l'article 550 du Code de commerce, à tous les vendeurs d'effets mobiliers (2).

---

(1) Voy. Dalloz, *Répert.*, *Office*, n° 334.
(2) La doctrine et la jurisprudence sont en ce sens ; voir notamment : Renouard, *Traité des faillites*, article 550. — Pont, *Priv. et
hyp.*, t. 1, n° 148. — Aubry et Rau, 4° édit., § 261, p. 160, note 76.
— Demangeat, *Droit commercial*, article 550. — C. de cass., 23 août
1853, Dall., 53. 1. 257 ; 10 février 1857, Dall., 57. 1. 87. — Bourges,

§ 4. — Destitution.

La destitution d'un officier ministériel entraîne la perte du droit de présentation. L'article 91 porte en effet : « Les avocats à la Cour de cassation, notaires, avoués, greffiers, huissiers, agents de change, courtiers, commissaires-priseurs, pourront présenter à l'agrément de Sa Majesté des successeurs, pourvu qu'ils réunissent les qualités exigées par les lois. *Cette faculté n'aura pas lieu pour les titulaires destitués* ».

L'État nomme dans ce cas un nouveau titulaire et lui impose généralement le paiement d'une indemnité distribuée par les tribunaux « à qui de droit ». *Le privilège du cédant continue-t-il de subsister sur cette indemnité mise par l'État à la charge du nouveau cessionnaire?* Beaucoup d'auteurs admettent l'affirmative (1). La ju-

---

14 août 1855, Dall., 56. 2. 100. — Paris, 25 février 1860, Dall., 60. 2. 115.

(1) Pour le privilège : Perriquet, *op. cit.*, nᵒˢ 515 et suiv., Dalloz, *Répert.*, *Office*, nᵒˢ 327 et suiv. — Henry, *op. cit.*, p. 27 et suiv. — Genreau, *Revue critique*, t. 3, p. 724. — Ballot, *Revue étrangère*, t. 5, p. 121. — Mourlon, *Examen critique*, nᵉ 125; conclusions de l'avocat général Pascalis dans l'affaire Lehon, Dall., 47. 1. 259, et celles de l'avocat général Salveton devant la Cour de Rouen, Dall., 48. 2. 1. — Paris, 11 décembre 1834 et Bordeaux, 2 décembre 1842, Dall., *Répert.*, *Office*, nᵒ 327, note 1. — Trib. Seine, 7 octobre 1844, Dall., 45. 4. 371, nᵒ 11, et sur appel, Paris, 3 juin 1845, Dall., 47. 1. 257. — Orléans, 31 janvier 1846, Dall., 47. 2. 101. — Paris, 9 janvier 1851, Dall., 51. 2. 69. — Nîmes, 13 mars 1851, Dall., 53. 1. 257. — Trib. civ. Orléans, 14 juillet 1875, Dall., 77. 2. 83. — Contre le privilège : Pont, *Revue*

risprudence, après s'être montrée à l'origine favorable à l'existence du privilège, le considère aujourd'hui comme éteint par la destitution du titulaire.

Les Cours d'appels qui autorisaient l'exercice du privilège ont dû s'incliner successivement, devant le sentiment contraire de la Cour de cassation, formulé pour la première fois le 7 juillet 1847. Cet arrêt, rendu « après une longue délibération en chambre du conseil », « a inauguré » la jurisprudence dans laquelle la Cour suprême n'a cessé depuis de persister. En raison de son importance, nous le reproduisons littéralement :

« Vu les articles 2102, § 4, du Code civil, et 91 de la loi du 28 avril 1816 ; attendu que le privilège établi par le paragraphe 4 de l'article 2102 du Code civil, en faveur du vendeur pour le prix d'effets mobiliers non payés, ne peut s'exercer qu'au cas où ces effets sont encore en la possession du débiteur ;

« Que, lorsque le paiement d'une somme est imposé, en cas de destitution, au successeur d'un officier destitué, par ordonnance du roi et comme condition de la nomination de ce successeur, cette disposition n'est pas l'exécution d'un commandement de la loi, mais l'usage

critique, t. 1, p. 385 ; t. 2, p. 406. — Pont, Privilèges, n° 148. — Eug. Durand, Des offices, n° 249. — Aubry et Rau, 4e édit., § 261, note 73. — Cass., 7 juillet 1847, Dall., 47. 1. 257 ; 13 février 1849, Dall., 49. 1. 40 ; 26 mars 1849, Dall., 49. 1. 83. — Req., 23 avril 1849, Dall., 49 ; 1. 102. — Req., 23 mars 1853, Dall., 53. 1. 61. — Cass. civ., 10 août 1853, Dall., 53. 1. 325.—Trib. Seine, 26 avril 1850, Dall., 50. 3. 47.— Paris, 3 février et 9 mars 1852, Dall., 52. 2. 203 ; 15 décembre 1853, Dall., 54. 2. 11. — Bordeaux, 27 février 1856, Dall., 56.5.303.

d'un droit facultatif, inscrit dans l'article 91 de la loi du
28 avril 1816 et constaté par la loi du 25 juin 1841 ;

« Que le paiement de cette somme n'est point imposé
au nouvel officier, en faveur de l'officier destitué, à titre
d'indemnité pour la perte de son office, comme représentation de cet office, mais qu'il est stipulé, le cas
échéant, comme un équitable dédommagement accordé
à ses créanciers ayants droit ; que c'est ainsi qu'il est
habituellement procédé dans les ordonnances royales,
et notamment dans l'ordonnance donnée à Neuilly le
24 juin 1841 et portant nomination de Mᵉ Huet, notaire
à Paris, en remplacement de Lehon, destitué par jugement des 16 et 23 avril précédents ;

« Attendu que cette somme, dont le paiement est
imposé au successeur d'un officier destitué par l'acte de
sa nomination, et dont cet acte règle la quotité ne peut
être en la possession de l'officier destitué, puisqu'elle
n'a été déterminée et l'obligation de la payer contractée,
que postérieurement à la destitution, et lorsque l'officier destitué était dessaisi de l'office ou droit de présentation, et après que l'un et l'autre avaient été transmis
à son successeur, surtout lorsque, comme dans l'espèce,
ladite somme avait dû être versée dans la Caisse des
dépôts et consignations, pour être répartie par justice
entre qui de droit ;

« Qu'il suit de là, qu'en appliquant dans les circonstances de la cause, les dispositions de l'article 2102,
§ 4, du Code civil, la Cour royale de Paris les a fausse-

ment appliquées, et par là même expressément violées, ainsi que l'article 91 de la loi du 28 avril 1816... Casse ».

Cette jurisprudence compte d'ardents défenseurs parmi la doctrine, mais elle a certainement contre elle le sentiment d'un grand nombre d'auteurs. Malgré les protestations et les critiques qui se sont fait entendre, la Cour suprême persiste dans cette opinion, depuis plus de quarante ans, avec une fermeté telle qu'il est à désespérer de la voir jamais revenir sur sa première jurisprudence. Cependant, les arguments qu'elle invoque prêtent largement le flanc à la critique et sont loin d'être absolument décisifs. Nous allons successivement les examiner.

Aux termes de l'article 2102, § 4, le privilège du cédant est subordonné à la possession par le débiteur des objets vendus ou tout au moins de la créance du prix de revente. Cette condition, dit la Cour de cassation, ne peut plus être remplie, quand le titulaire d'un office est frappé de destitution. Il a été reconnu indigne de remplir ses fonctions, le choix d'un candidat fait par lui ne présenterait plus des garanties de capacité et de droiture requises pour exercer d'aussi délicates fonctions, le gouvernement refuse de l'associer au choix d'un nouveau cessionnaire et se substitue à lui dans l'exercice du droit de présentation. Ce droit, objet même du contrat de cession ayant péri aux mains du titulaire, la valeur pécuniaire de l'office est éteinte. Par suite, le

Gouvernement peut en disposer gratuitement au profit du candidat agréé. L'indemnité dont le paiement est habituellement imposé au nouveau cessionnaire n'est pas obligatoire, « c'est l'usage d'un droit facultatif », un « équitable dédommagement » accordé aux créanciers du destitué et rien de plus. Le Gouvernement est libre d'en attribuer le bénéfice à qui il veut. On ne saurait donc considérer la somme versée comme représentant le prix de l'office, elle n'a sa source dans aucun contrat, « elle a été accordée à titre de bienfait par le gouvernement (1) », ce n'est pas le prix d'une cession. Il en résulte que cette indemnité a un caractère purement aléatoire, qu'elle ne correspond à aucun droit certain et précis dans le patrimoine de l'officier destitué, qu'en un mot elle n'est pas en la possession du débiteur.

Les conséquences de ce système sont extrêmement rigoureuses : Le titulaire destitué est dépouillé de la valeur d'une charge qui représente un capital parfois énorme, et, comme la destitution est généralement prononcée à la suite d'une faillite ou d'une déconfiture, le cédant non payé perd son droit de préférence sur le prix et tombe au rang des créanciers chirographaires. Ceux-ci tirent avantage de la faute personnelle du titulaire au détriment du vendeur qui a mis l'office dans le patrimoine du débiteur. En somme, c'est une véritable con-

(1) V. Dall., *Répert.*, *Office*, n° 328.

fiscation de l'office, d'autant plus odieuse qu'elle atteint plus sûrement l'innocent que le coupable. Comment admettre que le législateur, après avoir proclamé le principe de l'inviolabilité de la propriété et aboli la confiscation dans la charte de 1814, ait rétabli sournoisement cette peine par la voie de l'article 91 et n'est-il pas exorbitant que le titulaire, déchu de son droit de présentation, perde encore son droit de propriété? Un texte formel pourrait seul autoriser une pareille violation des principes et l'article 91 est complètement muet à cet égard.

En fait, le Gouvernement n'agit pas avec la rigueur et la désinvolture proclamée par la Cour de cassation en matière de destitution. Presque toujours, il met une indemnité à la charge du nouveau cessionnaire et s'entoure des renseignements propres à en établir le chiffre précis. Il consulte les Tribunaux et les Chambres de discipline, fait compulser les registres et dresser des états de produits de l'office. Puis, cette enquête terminée, il enjoint au titulaire nommé de déposer la somme fixée à la Caisse des dépôts et consignations, mais se garde bien d'intervenir dans la répartition de la somme versée, comme il en aurait le droit, si cette indemnité constituait une pure largesse gouvernementale. A une requête adressée à la Chancellerie par des créanciers pour faits de charges, qui demandaient à être colloqués par préférence sur cette indemnité, le ministre répondait : « En mettant à la disposition des créanciers du sieur C...

une somme égale à la valeur de son office, l'ordonnance
a eu seulement pour objet de réserver à chacun d'eux
le légitime exercice de ses droits ; c'est aux tribunaux
qu'il appartient d'ailleurs de régler la distribution de
cette somme, et *l'administration ne peut intervenir dans
cette opération, en attribuant à certaines classes de créanciers des privilèges qui ne résulteraient pas de la nature
de leurs titres* (1) ». Après une évaluation minutieuse de
l'office, l'État stipule seulement que la somme versée
sera payée « à qui de droit », « à qui il appartiendra ».
L'État reconnaît donc implicitement l'existence de
« droits acquis » à cette indemnité et laisse à l'autorité
judiciaire le soin de les déterminer, ce qui exclut toute
idée de pouvoir facultatif et arbitraire dans la distribution de la somme versée.

Celle-ci n'est donc pas un cadeau, une aumône, un
« dédommagement » offert par le gouvernement, une
« création » volontaire de sa toute puissance, c'est la
représentation d'une valeur qui a survécu à la destitution du titulaire, la transformation en argent d'une propriété préexistante. Egale à la valeur de l'office, cette
somme de quelque nom qu'on l'appelle a tous les caractères d'un prix. Le prix est en effet, selon la définition de Portalis, « la somme d'argent qui comparée à la

---

(1) Décision du ministre de la justice du 27 juillet 1835, Dalloz,
36, III, 39. — Voy. également : décisions du ministre de la justice
du 16 février 1835 et 17 octobre 1837, Dall., *Répert., Office,* p. 124,
note 2, et 125, note 1.

chose est réputée lui être équivalente ». Ici comme dans une décision volontaire, il y a bien équivalence entre la somme donnée et la chose transmise.

On objecte, il est vrai, que le titulaire n'a coopéré ni à la transmission ni à l'évaluation de la chose, qu'il n'y a pas contrat. Mais l'aliénation d'une chose, moyennant un prix, ne requiert pas nécessairement le concours du propriétaire ; elle est réalisée fréquemment, malgré son opposition, à la suite d'une saisie qui frappe la chose d'indisponibilité entre ses mains, sans que celui-ci soit déchu de son droit de propriété et de son action sur le prix. La destitution opère de même. Pareille à une saisie, elle prive le titulaire du droit de céder l'office, mais lui laisse le droit de propriété. « L'État au nom de l'ordre public comme un syndic au nom de la masse (1) », se substitue à lui dans l'exercice du droit de présentation. Il fixe spontanément, et sans prendre l'avis du destitué, la somme à verser par le nouveau titulaire en échange de la valeur transmise.

« Il y a donc indemnité, si l'on veut, mais indemnité comme à la suite d'expropriation pour cause d'utilité publique, dans le sens de l'article 545 du Code civil et de la loi du 3 mai 1841, c'est-à-dire indemnité représentative de la chose elle-même, indemnité affectée à tous les droits de préférence conférés par la loi aux créanciers privilégiés. La somme fixée par l'État n'est que l'ex-

---

(1) Henry, *op. cit.*, p. 36.

pression en espèces de la valeur commerciale de l'office ;
en d'autres termes, c'est l'objet même du privilège du
vendeur » (1).

Cette opinion donne seule à notre avis une explication rationnelle et juridique de cette indemnité.

L'extinction de la valeur pécuniaire de l'office, conséquence de la perte du droit de présentation, devrait
entraîner la suppression de toute indemnité. Si on admet, en effet, que l'office n'a plus de valeur vénale, le
gouvernement n'est pas fondé à imposer au nouveau
cessionnaire le paiement d'une somme d'argent comme
condition de sa nomination, et il n'y aura pas de candidat assez prodigue de ses deniers, pour faire un véritable cadeau aux amis du Gouvernement.

On répond que la valeur pécuniaire de l'office n'est
pas éteinte, mais se trouve réunie au domaine national
par une sorte de confiscation. L'explication n'est pas
heureuse. Dans cette hypothèse, la somme versée est la
propriété des contribuables, elle ne peut pas être distribuée aux créanciers sans l'assentiment du pouvoir
législatif qui seul peut autoriser des largesses. Le mode
de distribution, du reste, serait tout autre : l'État ne sti-
pulerait pas que l'indemnité serait payée *à qui de droit*,
ce qui ne signifierait rien ici, l'indemnité étant un pur
bienfait de sa part, il désignerait nominalement les bé-
néficiaires sans avoir recours à l'autorité judiciaire.

(1) Henry, *op. cit.*, p. 37.

La valeur pécuniaire de l'office, n'étant ni éteinte ni
confisquée, reste la propriété du destitué ; il la garde jusqu'au jour où le Gouvernement en transmet le bénéfice
au nouveau cessionnaire contre le paiement d'une juste
indemnité.

Nous nous refusons donc à considérer cette somme
d'argent comme un simple « dédommagement » offert
aux créanciers sans aucune base légale : en mettant à
leur disposition la somme versée par le candidat agréé,
le Gouvernement n'obéit pas à un pur sentiment d'équité,
il témoigne simplement de son respect pour le droit de
propriété. Ce sentiment éclate et dans son attitude et
dans son langage. L'indemnité exigée est basée, en effet,
non pas sur le nombre et l'importance des créances,
comme cela devrait être, si elle était stipulée uniquement en faveur des créanciers, mais sur l'évaluation rai-
sonnée de l'office. L'attribution en est faite d'une façon
large : le Gouvernement ne dit pas, comme la Cour de
cassation, que la somme sera versée aux créanciers,
mais, « à qui de droit », c'est-à-dire à tous les créanciers
même chirographaires et au titulaire lui-même. Cette
formule seule est juridique. Étant donné en effet que le
Gouvernement ne peut pas se permettre des largesses au
dépens du budget national, à quel titre les créanciers
chirographaires peuvent-ils participer à la distribution
de l'indemnité ? De par la nature de leurs créances, ils
n'ont aucun privilège spécial sur cette somme, leurs
droits sont subordonnés à ceux du destitué lui-même,

ils viennent à cette répartition, non pas en leur nom
personnel et propre, mais uniquement en qualité
d'ayants cause de l'officier destitué. Leur intervention
est fondée sur les articles 2092 et 2093 du Code civil,
aux termes desquels les biens d'un débiteur sont le
gage commun de ses créanciers ; c'est dire, qu'ils n'ont
droit à l'indemnité, qu'autant que leur débiteur y a droit
lui-même. L'attribution qui leur est faite témoigne virtuellement que la valeur pécuniaire de l'office est restée
dans le patrimoine du titulaire destitué et qu'elle est
représentée par l'indemnité. Même après la destitution,
l'officier ministériel a un droit personnel à cette somme.
Et, de fait, à défaut de créanciers ou en cas d'excédent,
la somme disponible lui est remise. C'est la condition
nécessaire pour que les créanciers y aient droit eux-
mêmes.

A un autre point de vue, il y a un manque absolu de
logique dans cette assertion de la Cour que l'indemnité
n'est pas « stipulée en faveur du titulaire ». Le créancier qui reçoit ne tire pas seul avantage de la somme
payée, son débiteur en profite dans la même mesure.
L'extinction d'une créance entraîne nécessairement libération d'une dette. L'officier ministériel destitué bé-
néficie donc fatalement de l'indemnité distribuée aux
créanciers. En diminuant son passif, il réalise un gain
conformément à l'adage : « Qui paie ses dettes s'enri-
chit ».

La jurisprudence de la Cour de cassation conduit, à

chaque pas, à des impossibilités et à des non-sens, elle est la négation même du droit des créanciers.

Ajoutons qu'elle est en contradiction complète avec la loi fiscale. La loi de finances du 25 juin 1841 fournit un argument puissant à ceux qui voient dans l'indemnité la représentation du prix de l'office. L'article 12, assimilant l'indemnité payée après destitution à un prix de transmission par voie de présentation, la frappe du droit de 2 0/0 applicable aux ventes mobilières.

Les indemnités, en effet, sont de deux sortes : ou bien elles constituent de véritables « prix de transmission », ou bien elles ne sont, comme le dit la Cour de cassation, que des « dédommagements ». Ces dernières sont passibles seulement d'un droit de cinquante centimes pour cent (1).

Le législateur considère donc l'indemnité comme représentative de la valeur pécuniaire de l'office, c'est-à-dire comme un prix.

L'erreur du système contraire se manifeste plus particulièrement, à notre avis, dans la dernière partie de l'arrêt de la Cour de cassation ainsi conçue :

« Attendu que cette somme, dont le paiement est imposé au successeur d'un officier destitué par l'acte de sa nomination, et dont cet acte règle la quotité, ne peut être considérée comme étant en la possession de l'officier destitué, puisqu'elle n'a été déterminée et l'obliga-

---

(1) Loi du 22 frimaire an VII, art. 69, § 2, no 8.

tion de la payer, contractée, que postérieurement à la
destitution, et lorsque l'officier destitué était dessaisi de
l'office ou droit de présentation, et après que l'un et
l'autre avaient été transmis à son successeur, surtout
lorsque, comme dans l'espèce, ladite somme avait dû
être versée dans la Caisse des dépôts et consignations,
pour y être répartie par justice entre qui de droit ; qu'il
suit de là, etc... ».

L'obligation de payer une indemnité ne peut incom-
ber au nouveau cessionnaire qu'après la destitution, à
ce moment le titulaire destitué est dessaisi de l'office ;
la somme versée, dit la Cour, ne peut être considérée
comme en sa possession et affectée par suite au privilège de vendeur. Cette argumentation n'est pas fondée.
Elle suppose une union tellement intime entre la faculté
de présentation et la valeur pécuniaire de l'office, que
la première étant éteinte, l'autre cesse immédiatement
d'exister. Elle va même plus loin, elle fait résider tout
entière cette valeur dans la faculté de présentation.
« Une fois que l'on admet franchement et sans réserve,
disent MM. Aubry et Rau, que le privilège ne porte en
réalité que sur la valeur pécuniaire du droit de présentation, on est forcément amené à en conclure que la
destitution, en enlevant ce droit à l'officier ministériel
qui en est frappé, anéantit du même coup le privilège
de son prédécesseur » (1).

_____

(1) Aubry et Rau, 4e édit., § 261, note 73.

C'est tirer de l'article 91 des conséquences extrêmement graves. Cet article cependant n'est pas un modèle
de précision juridique. Presque toutes ses dispositions
ont donné lieu à des controverses et maintes fois, la
jurisprudence pour trancher des questions litigieuses, a
dû s'inspirer plutôt de l'esprit de la loi et des principes
généraux de droit que du texte de l'article. On nous
permettra donc de ne pas nous rallier à cette interprétation trop « littérale » (1).

Sans doute, la faculté de présentation est une prérogative précieuse. Elle offre au titulaire le moyen de
choisir un successeur, de débattre avec lui les conditions de transmission de la charge, et de s'assurer personnellement des garanties d'honnêteté et de solvabilité
qu'il présente. Comme l'édit de Paulet sous l'ancienne
monarchie, cette faculté a certainement contribué à
donner une plus-value aux offices ministériels. A cause
de ces avantages, elle a une valeur propre qui doit
entrer en ligne de compte dans l'estimation de la charge.
Ce serait cependant une erreur de croire, sur la foi de
l'article 91, que la faculté de présentation soit le seul
élément de valeur pécuniaire existant dans l'office. A
côté d'elle, il y a la clientèle, les minutes, les répertoires, le bénéfice des expéditions qui représentent un
capital, dont l'existence et la valeur ont été maintes fois
consacrées par le législateur.

(1) Perriquet, n° 517.

Sans remonter jusqu'aux ordonnances royales et aux arrêts de règlements rendus sur cette matière dans l'ancien droit, les lois de l'époque révolutionnaire accordaient aux anciens ministres de justice une indemnité pour la perte de leur pratique, et autorisaient, nous l'avons vu, les titulaires des offices supprimés, à traiter avec un collègue de la possession des minutes et du bénéfice des expéditions. Même à cette époque de trouble et de dépossession violente, ces éléments apparaissaient comme une propriété respectable.

La loi du 25 ventôse an XI reconnaissait implicitement l'existence et la propriété des clientèles.

Sous l'Empire, les cessions de clientèles étaient devenues générales et constituaient de véritables ventes d'office : l'administration et les tribunaux en admettaient la validité ; tous ces éléments étaient dans le commerce et avaient une valeur pécuniaire avant 1816. Le droit de présentation existait même tacitement : le Gouvernement et les Chambres de discipline agréaient généralement le candidat désigné par le cédant. L'officier démissionnaire participait déjà à la nomination de son successeur.

L'article 91 est la ratification légale de cette situation de fait, et la consécration formelle, au profit des officiers ministériels, du droit de transmettre leur charge. Selon l'expression du législateur de 1866, il a « consolidé » la propriété des offices et contribué au développement de sa valeur pécuniaire ; il ne l'a certainement

12

pas créée, elle existait avant lui. La faculté de présentation est l'effet et non la cause de cette propriété. C'est un moyen d'aliénation, un véhicule destiné à faire passer du cédant au cessionnaire la valeur pécuniaire de l'office formée par la clientèle et ses accessoires. Il n'y a pas confusion et indivisibilité entre elle et l'objet transmis. L'office et la clientèle ou valeur pécuniaire sont deux éléments juridiquement distincts et séparables. Dans l'ancien droit, ils pouvaient être aliénés l'un sans l'autre et, même de nos jours, le Gouvernement a autorisé parfois, de confrère à confrère, une cession de la clientèle sans l'office (1).

Cette distinction fait la base de la jurisprudence adoptée à l'égard des créanciers de l'officier décédé. Même en l'absence d'héritiers directs, ils ne peuvent exercer le droit de présentation, ils ont cependant action sur la valeur pécuniaire, ce qui signifie que la valeur de l'office forme une valeur héréditaire parfaitement distincte et de la fonction et du droit de présentation. Elle survit à leur extinction (2).

Même après la destitution, la valeur qui subsiste peut donc rester en possession du titulaire indigne et faire l'objet du privilège du cédant. La Cour de cassation le reconnaît elle-même, quand elle accorde privilège, au

---

(1) Merlin, *Répert.*, v° *Procureurs ad lites*, XIV ; Perriquet, n° 263, p. 242 et n° 518, p. 454.

(2) Sur toute cette argumentation, voyez Perriquet, *op. cit.*, n°ˢ 517 et suivants.

vendeur originaire d'un office non payé, sur le prix de
revente encore dû au premier cessionnaire par le sous-
acquéreur. Ici également, la fonction est transmise et le
droit de présentation éteint, cependant le cédant est
autorisé à reporter son action sur la valeur pécuniaire,
que la jurisprudence considère comme l'objet du privilège.

Du reste, le prix de l'office est toujours payé après la
présentation et la prestation de serment du candidat.
Le titulaire qui a cédé volontairement comme l'officier
destitué, est à ce moment dessaisi de l'office et du droit
de présentation qui en dépend, le privilège ne devrait
donc plus pouvoir s'exercer. Il n'y a pas de raison pour
distinguer entre les deux dépossessions. Poussé à ses
dernières conséquences, le système de la Cour de cassation aboutit donc à la négation, dans tous les cas, du
privilège de cession d'office.

Nous ne nous attarderons pas à discuter le dernier
argument contenu dans l'arrêt du 7 juillet 1847. La
Cour de cassation refuse le privilège « surtout, dit-elle,
lorsque, comme dans l'espèce, la dite somme avait
dû être versée dans la Caisse des dépôts et consignations pour être répartie par justice entre qui de
droit... ».

On se demande comment et en quoi cette formalité
peut porter atteinte aux droits du cédant. En droit français comme en droit romain, la possession existe indépendamment de toute appréhension matérielle, elle

n'implique pas la détention effective et réelle de la chose. Juridiquement, je possède même après avoir loué, prêté ou mis en dépôt ma propre chose. Eh bien ! la Caisse des dépôts et consignations joue ici le rôle d'un dépositaire, elle garde le montant de l'indemnité non à titre propre, mais pour le compte des ayants droit. Or le seul ayant droit ici, c'est le destitué, car si, dans la réalité, les créanciers sont admis à prendre part à la distribution des sommes consignées, c'est parce qu'ils sont les ayants cause du destitué, leur débiteur. Le versement à la Caisse des dépôts et consignations de la somme, mise à la charge du nouveau titulaire, laisse donc subsister la possession de l'officier destitué. Par suite, cette formalité ne constitue pas un obstacle à l'exercice du privilège d'un précédent vendeur.

En résumé, le système admis par la jurisprudence, en matière de privilège après destitution, méconnaît la véritable nature de l'office : il fait résider toute sa valeur pécuniaire dans la faculté de présentation, sans tenir compte que la clientèle et ses accessoires constituent un des éléments essentiels de cette valeur.

Il est contraire aux principes généraux de notre droit public et aux déclarations solennelles du législateur : nos constitutions ont aboli la confiscation et proclamé la propriété des offices inviolable à l'égal des autres propriétés.

Il viole ce principe fondamental de nos lois pénales, que toute peine est personnelle et ne frappe que le coupable : ici la déchéance du cessionnaire indigne rejaillit sur le vendeur innocent.

Enfin ce système, né d'un courant défavorable à la vénalité, a des conséquences contraires à l'esprit qui l'a inspiré : Pour éviter une perte éventuelle, l'officier désireux de céder sa charge se préoccupera moins de la valeur personnelle du candidat que de sa situation de fortune, ce qu'il recherchera avant tout, c'est un successeur qui paie comptant. L'accès des offices rendu plus difficile au mérite pauvre sera ainsi plus largement ouvert à la médiocrité appuyée sur la richesse. « De quel œil les juristes, adversaires du privilège par horreur de la vénalité, verront-ils cette vénalité à outrance ? Le résultat sera-t-il bien celui qu'ils espèrent ? (1) ».

Malgré l'excellence de ces raisons, les derniers arrêts sur la question sont tous contraires au privilège du cédant après destitution du cessionnaire. La jurisprudence est définitivement fixée en ce sens (2).

§ 5. — Démission du titulaire. — Suppression de l'office.

Lorsqu'un officier ministériel manque habituellement à ses devoirs professionnels, le Gouvernement lui enjoint parfois de démissionner. En ce qui concerne le privilège du cédant, faut-il assimiler cette démission à une destitution ?

(1) Henry, *op. cit.*, p. 54.
(2) Orléans, 7 juillet 1876, Dall., 77. 2. 83 et sur pourvoi : Requête, 30 mai 1877, Dall., 79. 1. 295.

La question ne se pose pas évidemment, si le titulaire a usé de son droit de présenter un candidat. Mais, quelquefois, le titulaire n'ayant aucun bénéfice à retirer de l'exercice du droit de présentation, à cause de sa situation obérée, donne sa démission pure et simple, quelquefois aussi, l'officier tardant à résigner ses fonctions, le Gouvernement lui nomme un successeur d'office. Dans ces conditions, le cédant non payé a-t-il privilège sur l'indemnité mise à la charge du nouveau titulaire? La jurisprudence s'est prononcée avec raison pour l'affirmative. Il est de règle, en effet, que les peines sont de droit étroit et ne doivent pas être étendues d'un cas à un autre. La démission même forcée du titulaire n'est pas assimilable à la destitution : l'officier démissionnaire n'est pas déchu de son droit de présentation, il conserve son droit à la valeur vénale. En se substituant à lui pour choisir un successeur, le Gouvernement stipule une indemnité pour le compte du démissionnaire. Égale à la valeur de l'office, cette indemnité est un véritable prix de cession sur lequel le privilège d'un précédent vendeur peut valablement s'exercer (1).

En cas de suppression d'office, la jurisprudence admet également que l'indemnité fixée par le Gouvernement est affectée par privilège à la garantie du prix dû au cédant.

(1) Rej. civ., 30 août 1854, Dall., 54. 1. 286 ; 11 avril 1865, Dall., 65. 1. 192. — Bordeaux, 10 février 1891, Dall., 92. 2. 17. — Perriquet, n° 523. — Aubry et Rau, 4ᵉ édit., § 261, note 74. — Eug. Durand, n° 249. — Dall., *Répert.*, *Office*, n° 333.

La suppression peut avoir lieu, soit par voie d'achat effectué par la corporation avec l'autorisation du Gouvernement, soit simplement, moyennant une indemnité imposée par l'administration aux officiers appelés à en bénéficier. Quelques arrêts assimilaient à une destitution la suppression opérée sans traité préalable, et refusaient d'admettre le privilège du cédant sur l'indemnité fixée d'office par l'autorité (1).

Aujourd'hui « on ne distingue plus entre le cas où il y a eu traité avec la corporation et celui où la démission a eu « lieu sans traité » (2). On considère toujours l'indemnité, comme un véritable prix de vente, affecté par privilège à la garantie du cédant (3).

§ 6. — Objet et mode de conservation du privilège.

Le privilège ne garantit que le paiement du prix ostensible. Les contre-lettres étant nulles, on ne peut l'invoquer pour obtenir paiement du prix secret.

Il ne s'étend pas non plus au prix des recouvrements cédés en même temps que la charge. Ce sont deux choses essentiellement distinctes. La Chancellerie oblige même l'officier démissionnaire qui cède ses recouvrements à son successeur, à les porter sur un état distinct

---

(1) Rouen, 22 janvier 1858, Req., 24 janvier 1859, Dall., 59. 1. 261.
(2) Dalloz, *Suppl. au Répert.*, *Office*, n° 70.
(3) Civ. Rej., 11 avril 1865, Dall., 65. 1. 192. — Aubry et Rau, 4° édit., § 261, note 75. — Pont, *op. cit.*, n° 148. — Perriquet, n°ˢ 524 et suiv. — Bordeaux, 10 février 1891, Dall., 92. 2. 17.

et séparé du traité de cession. Le cédant ne peut donc pas être colloqué par privilège sur le prix de vente de l'office pour le paiement des recouvrements cédés (1). Quand le cessionnaire recède lui-même les recouvrements à un sous-acquéreur de l'office, le premier vendeur a-t-il le privilège sur le prix de revente des recouvrements ? Parfois ceux-ci ne sont pas payés au cédant, au moment où s'opère une nouvelle transmission de l'office. Dans ce cas, il est juridique et conforme à l'article 2102 de lui accorder un privilège (2). Ce n'est pas sans difficulté cependant que ce privilège peut s'exercer. Le cédant est obligé d'établir devant les tribunaux, dans quelle mesure et jusqu'à concurrence de quel chiffre, ses propres recouvrements figurent parmi ceux qui ont été recédés. On conçoit les difficultés d'une pareille besogne et les contestations qu'elle peut soulever. Heureusement qu'en pratique le cas est rare.

Le privilège est l'unique garantie accordée au cédant pour arriver à être indemne. Encore dans l'état de la législation, cette garantie ne lui procure qu'une sécurité très incomplète.

Dans l'ancien droit, pour assurer la conservation des droits des créanciers, on avait organisé une série de formalités protectrices qui constituaient la procédure de l'opposition au sceau : tout créancier pouvait faire

---

(1) Paris, 23 mai 1838, Dall., *Répert.*, v° *Office*, n° 350 et n° 324, note 2.

(2) En ce sens : Eug. Durand, n° 247. — Perriquet, n° 529. — Dall., *Répert.*, v° *Office*, n° 350. — Paris, 8 juin 1836, Dall., 36.2.125.

opposition entre les mains du chancelier, ensuite des officiers garde-rôles et en dernier lieu de greffiers spéciaux.

Les oppositions étaient inscrites sur les registres dans l'ordre de leur réception et les créanciers, après revente de l'office, étaient payés selon la qualité ou le rang de leurs créances.

Ces formalités purgeaient l'office de tous les privilèges et hypothèques qui pouvaient le grever, elles libéraient aussi l'acquéreur des réclamations postérieures des créanciers chirographaires (1).

Rappelons pour mémoire que les créanciers avaient également le droit de faire saisir et vendre l'office aux enchères.

Toutes ces garanties n'existent plus. Aujourd'hui le cédant, pour conserver son privilège, n'a qu'un moyen, c'est de faire saisir-arrêter entre les mains du sous-acquéreur le prix dû au cessionnaire.

La saisie-arrêt est sans effet, si au moment où elle est faite, le cessionnaire a reçu paiement du prix de vente.

Elle est également dépourvue d'efficacité, si antérieurement à la saisie-arrêt, le cessionnaire a transporté à un tiers le prix dû par le sous-acquéreur (2).

_____

(1) Perriquet, p. 474, n° 539 ; Dalloz, _Répert._, v° _Office._, n° 348 ; Pothier, _Procédure_, 4° partie, chap. II, section V, art. 15, § 2, édit. Bugnet, t. X, p. 308.

(2) Voy. notamment : Cass. civ., 20 juin 1860, Dall., 60. 1. 262 ;

Le transport de créance éteint le privilège du cédant, à condition que le débiteur cédé, en l'espèce le sous-acquéreur de l'office, ait reçu signification ou donné acceptation du transport. Après le transport du prix, le cessionnaire de l'office n'est plus en possession de la créance du prix de revente, le privilège ne peut plus s'exercer. Il importe peu que le cessionnaire de l'office ait agi dans l'intention de nuire au cédant, son vendeur, il suffit que le tiers acquéreur de la créance ait été de bonne foi.

Le transport de créance peut intervenir même avant la prestation de serment du sous-acquéreur (1). De ce chef, le privilège du vendeur d'office court de graves risques de perte.

Pour prévenir les effets d'un transport anticipé, le cédant a le droit de pratiquer une saisie-arrêt sur le prix de revente de l'office, avant la prestation de serment du sous-acquéreur (2).

Le simple fait d'une revente de l'office autorise le premier vendeur à prendre de suite des mesures conservatoires, pour la conservation de son privilège et le paiement de son prix.

Il peut donc pratiquer une saisie-arrêt, avant l'expiration du terme de paiement qu'il avait accordé à son ac-

Rej. civ., 18 juillet 1860, Dall., 60. 1. 310 ; Bourges, 18 novembre 1890, Dall., 92. 2. 21.

(1) Cass. civ., 21 juin 1864, Dall., 64. 1. 385 ; Pau, 6 juillet 1864, Sir., 65. 2. 109.

(2) Voy. arrêt de Cass. du 21 juin 1864, note 1 ci-dessus.

quéreur. Les tribunaux peuvent refuser cependant de valider cette saisie-arrêt, quand le cessionnaire offre au cédant des sûretés suffisantes et de nouvelles garanties de paiement (1).

La revente de l'office n'emporte pas déchéance du terme de paiement accordé au cessionnaire. En conséquence, les sommes saisies sur le sous-acquéreur restent entre ses mains ou sont versées à la Caisse des dépôts et consignations, jusqu'à ce qu'elles soient exigibles au profit du premier vendeur (2).

Notons que la saisie pratiquée par le premier vendeur s'étend à l'intégralité du prix de revente et comprend, et ce qui est payable de suite, et ce qui est payable à terme par le sous-acquéreur, jusqu'à concurrence de ce qui reste dû au premier vendeur (3).

Pour assurer la conservation de ses droits, le cédant peut faire aussi opposition, entre les mains des membres de la Chambre de discipline, à ce qu'ils délivrent le certificat de capacité et de moralité, sollicité par un acquéreur de l'office sur lequel il prétend exercer son privilège. Mais cette garantie est insuffisante et ne donne qu'une sécurité incomplète au cédant. Si la Chambre de discipline passe outre à l'opposition reçue et procède à la délivrance des certificats exigés du candidat, le cédant n'a aucun recours contre elle (4).

---

(1) Caen, 8 août 1865, Dall., 66. 5. 324.
(2) Poitiers, 4 avril 1881, Dall., 81. 2. 156.
(3) Poitiers, 4 avril 1881, Dall., 81. 2. 156.
(4) Voy. Dall., *Rép.*, *Office*, n° 338. — Eug. Durand, n° 260. — Perriquet, n° 539.

En somme, les garanties accordées au cédant par notre législation sont extrêmement précaires. Il n'a qu'un privilège sur le prix de revente, et ce privilège est soumis à des causes d'extinction nombreuses : reventes successives de l'office, faillite et destitution du titulaire, transport de créance et paiement anticipé du prix. Il serait à souhaiter que le législateur intervienne pour donner des garanties plus efficaces, aux créanciers en général, et tout spécialement au vendeur d'office.

Vu :

Le Président de la thèse,
GUÉTAT.

Vu :

Le Doyen,
Ch. TARTARI.

Vu et permis d'imprimer :

Le Recteur, président du Conseil général des facultés,
ZELLER.

TABLE DES MATIÈRES

CHAPITRE V. — **Du privilège du cédant.**

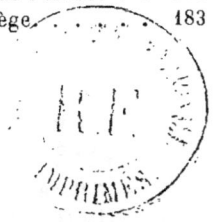

ERRATA

Page 1, note 2 : « Domat, *Droit public*, titre Ier, *p. 362* au lieu de p. *147* ».

Page 107, note 2 : « Cass. civ., 10 mai 1854, Dall., *54.1.217*, au lieu de *219* ».

Page 111, note 2, une partie d'une citation a été sautée : « Req., 6 novembre 1850, *Dall., 50.1.235.* — Dall., *Répert., Office*, n° 272... »

Page 112, note 3 : « Rej. civ., 19 août 1847, Dall., *48.5.*104 au lieu de *47* ».

Page 119, note 1 : « Req., 3 janvier 1881, *Dalloz*, 81.1.155, au lieu de *Sirey* ».

Page 125, note 2 : Dalloz, Répert., r° Office, au lieu de v°.

Imp. G. Saint-Aubin et Thevenot, Saint-Dizier (Haute-Marne). — J. THEVENOT, Successeur.

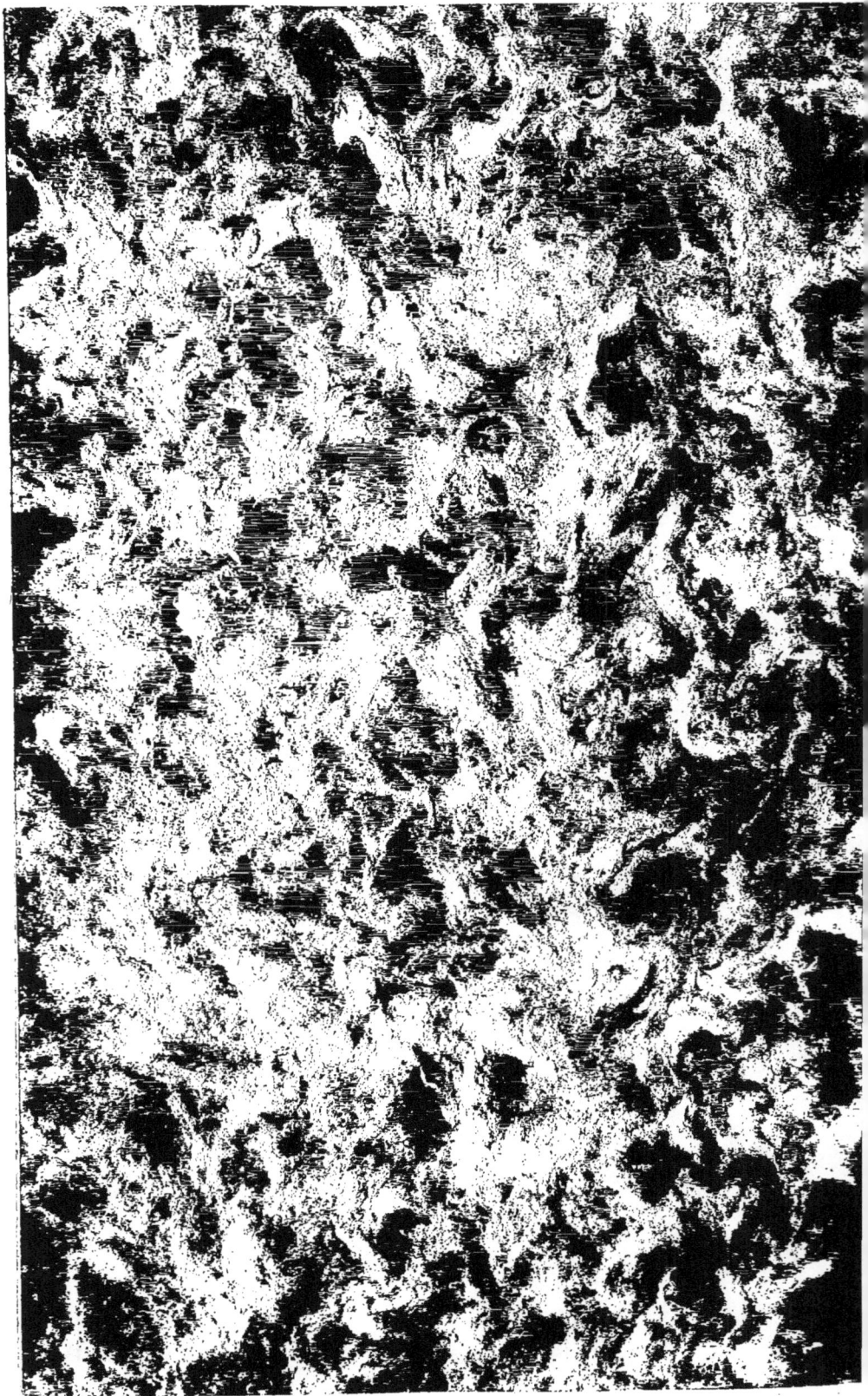

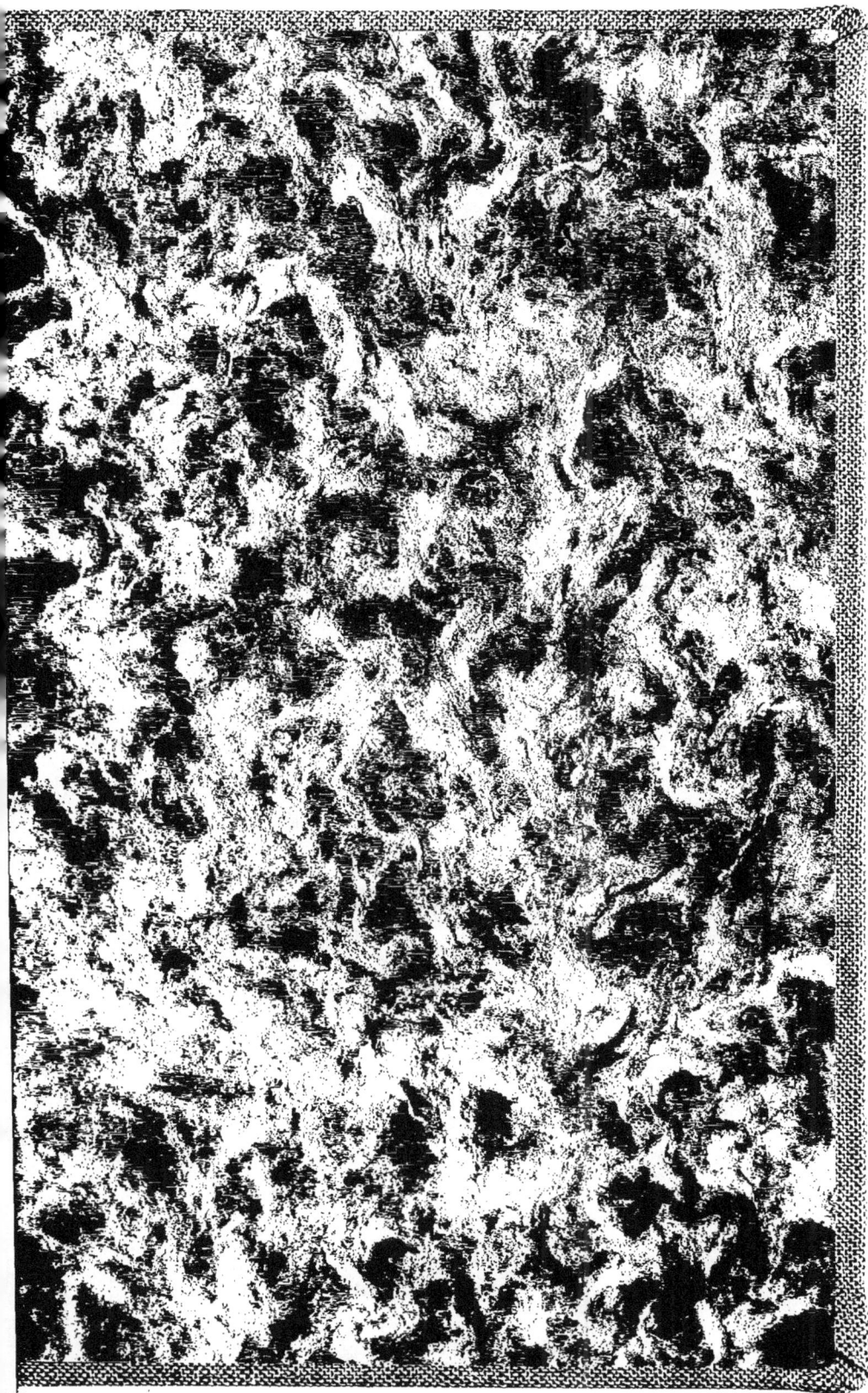

www.ingramcontent.com/pod-product-compliance
Lightning Source LLC
Chambersburg PA
CBHW070528200326
41519CB00013B/2970